좋은 문장 나쁜 문장

차례
Contents

03 들어가는 말 05 정확한 단어 정확한 문장 20 군살없는 S라인 문장 31 단어들이 조화된 문장 45 참신한 단어 세련된 문장 55 자연스럽게 연결한 문장 70 읽기 좋고 맛깔스러운 문장 86 문장 부호와 띄어쓰기의 활용

들어가는 말

 사람은 느끼고 생각하는 존재다. '느낌'과 '생각'이야말로 삶의 본질이라는 말이다. 그런데 글은 살아가면서 얻은 생각과 느낌을 정리해서 표현하는 중요한 방식이다. 다양하고 풍부하게 느끼고 체계적으로 생각하게 만드는 힘의 원천이기도 하다. 그러므로 진정 인간다운 삶은 글쓰기에서 비롯된다.
 서구 대부분의 나라에서는 작문을 필수과목으로 지정해서 교육하고 있다. 그런데 우리의 현실은 다르다. 고등학교 교과과정에도 '작문'은 선택과목으로 분류되어 있어서 입시교육에 밀려나기 일쑤다.
 사정이 이렇다 보니 학생들이 써내는 글을 보면 한마디로 엉망이다. 맞춤법이나 띄어쓰기처럼 기본적인 것도 제대로 지킬 줄 모른다. 각종 비문(非文)을 남발하는 건 두말할 필요도 없다. 이건 비단 학생들만의 문제가 아니다. 애어른이나 지위 고하를 가리지 않는다. 문장을 제대로 쓰는 법을 공부한 적이 없으니 그건 어쩌면 당연한 결과인지도 모르겠다.

어떻게 하면 문장을 잘 쓸 수 있는지 물어 오는 이들이 더러 있다. 그때마다 들려주는 답은 하나다. 많이 읽고 자주 써 보라는 것이다. 그러면 그들은 고개를 갸웃거리거나 끄덕이다가 기어이 한마디 한다. "에이, 그걸 누가 몰라서 묻나."

천재 수준의 능력을 타고나지 않은 한 '많이' 혹은 '자주' 해 보지 않고 잘 할 수 있는 일이 있을까. 문장쓰기도 마찬가지다. 좋은 문장으로 쓴 글은 우리 주위에 아주 흔하다. 그걸 꼼꼼하게 많이 읽고, 생각날 때마다 자주 쓰다 보면 좋은 문장을 구사할 수 있게 되는 것이다.

저자는 우리 문법을 전공한 적이 없다. 우리글과 비교적 가까이 지내 왔을 뿐이다. 문장쓰기에 관심을 조금 더 가졌을 뿐이고, 이런저런 이유로 좋은 문장을 자주 접했을 뿐이고, 또한 글쓰기를 크게 싫어하거나 번거롭게 생각하지 않으려고 했을 뿐이고, 이따금 문장 하나를 놓고 몇 번씩 뜯어고치는 일을 반복한 적이 제법 잦았을 뿐이다.

정확한 단어 정확한 문장

 회화(繪畵)의 첫걸음은 데생이다. 데생을 충분히 연마해야 선과 색과 조형의 창의성도 발휘할 수 있다. 이건 각 음계를 정확하게 발성하지 못하고는 좋은 가수가 될 수 없는 것과 같다.
 문장에도 데생과 기본 발성이라는 게 있다. 우리말 표준어 규정에 맞는 단어를 골라서 주어와 서술어가 조화를 잘 이루도록 연결할 줄 아는 능력이 바로 그것이다.

낯설거나 생뚱맞지 않게

 문장은 생각이나 느낌을 문자언어로 전달하는 수단이다. 문장을 올바르게 구사하려면 그 안에 든 단어부터 정확해야 한다.

그래야 생각이나 느낌을 읽는 이에게 올바로 전달할 수 있다.

'도저이 아라볼 수 업섰다'라고 쓴 구절을 보자. 읽는 이는 이 문장에 담긴 뜻을 정확하게 이해하기까지 좀 번거로운 절차를 거쳐야 한다. '도저이', '아라볼' 같은 말이 표준어가 아니기 때문이다. '업섰다'도 바른말을 짐작할 수는 있지만 그 자체로는 눈에 설다. '도저히 알아볼 수 없었다'라고 써야 한다.

여기서 한 가지 의문이 들 수 있다. 어떻게 쓰든 뜻만 제대로 전달하면 그만 아니냐는 것인데, 과연 그런가. '처째, 운전자는 교통법뀨를 잘 지켜야 한다. 두째, 학생은 교칙에 딸아서 생활해야 한다'라는 주장은 누가 들어도 옳다. 문제는 읽는 이가 그걸 좀처럼 신뢰하기 어렵다는 데 있다. '처째', '교통법뀨', '두째', '딸아서' 같은 말이 맞춤법에 어긋나기 때문이다. 이런 글을 읽다 보면 교통법규고 교칙이고 간에 맞춤법이나 제대로 지키라고, 요즘 말로 '너나 잘 하시라'고 빈정대고 싶어질지도 모른다.

키보드로 '짜장면'을 두드리면 붉은 밑줄이 그어진다. 표준말이 아니라는 지적이다. 이제는 사정이 달라졌다. '짜장면'도 표준어로 인정하고 있는 것이다. 그런데 '자장면'보다는 아무래도 '짜장면'이라는 말이 더 친숙하게 느껴진다. 앞으로는 중국집들마다 '짜장면'으로 통일해서 썼으면 좋겠다.

'자장면'은 몰라도 출입구의 '어서 오십시요'는 경우가 좀 다르다. '~요'가 맞춤법에 어긋나기 때문이다. '안녕히 가십시요'라든가 '하지 마십시요' 등도 마찬가지다. 「한글 맞춤법」

에는 종결형으로 쓰는 어미 '~오'는 '~요'로 소리가 나더라도 본딧말을 밝혀 '~오'로 적는다고 되어 있다. 당연히 '오십시오', '가십시오', '마십시오'라고 써야 한다.

방앗간 앞을 지나다 유리문에 '살은 가물치나 고추 갈읍니다'라고 적힌 안내문을 본 적이 있다. 그 뜻을 누가 모르랴만 표준말대로 '산 가물치'라고 적자니 좀 어색하고, '고추 갑니다'라고 쓰자니 '고추가 어디를 가느냐'는 물음이 되돌아올까 싶어 그렇게 적었을 터인데, 이건 모두 표준말이 아니다.

우리말에서 '날다', '거칠다'와 같이 어간의 끝소리가 'ㄹ'인 동사는 'ㄹ불규칙'으로 활용된다. 'ㄴ, 을, 오, ㅂ, ㅅ' 앞에서 받침 'ㄹ'이 없어지는 것이다. 그러므로 '거칠은 벌판', '날으는 새', '물에 말은 밥', '땀에 절은 옷', '하다 말은 일', '주둥이에 물은 먹이' 등은 모두 잘못이다. '거친 벌판', '나는 새', '물에 만 밥', '땀에 전 옷', '하다 만 일', '주둥이에 문 먹이'라고 써야 한다.

'맑게 개인 하늘'의 '개인'은 어떤가. 운율을 고려하는 시(詩)의 경우는 이런 말을 쓸 수도 있겠지만 논리적인 글에서는 허용되지 않는다. '개인'의 으뜸꼴은 '개다'이므로 '갠'을 써서 '맑게 갠 하늘'이라고 써야 맞다. '사골을 푹 고은 국물'의 '고은'도 잘못이다. '고운 국물'이라고 써도 매한가지다. 이 말은 으뜸꼴이 '고다'이므로 '곤'을 쓴 '사골을 푹 곤 국물'이 옳다.

사이시옷도 가려 써야 한다. '사이시옷'은 순우리말이나 순우리말과 한자어의 합성어로서 앞말이 모음으로 끝날 때 쓴다. 물론 뒷말 첫소리가 된소리로 날 때도 '사이시옷'을 쓴다. '바다가에서'와 '나무가지'의 경우 '~가~'는 모두 '~까'로 소리나므로 '바닷가에서'와 '나뭇가지'로 적어야 한다. 이런 예로는 '귓밥', '나룻배', '냇가', '맷돌', '머릿기름', '모깃불', '못자리', '뱃길', '부싯돌', '선짓국', '샛강', '쇳조각', '아랫방', '잇자국', '자릿세', '전셋집', '잿더미', '조갯살', '찻잔', '찻집', '천릿길', '쳇바퀴', '콧병', '탯줄', '텃세', '핏기', '햇볕', '혓바늘', '홍밋거리' 등이 있다.

'빗물'과 같이 뒷말의 첫소리 'ㄴ, ㅁ' 앞에서 'ㄴ' 소리가 덧나거나, '나무잎'의 '나문닢'처럼 뒷말의 첫소리 모음 앞에서 'ㄴ' 소리가 덧날 경우에도 사이시옷을 쓴다. '깻잎', '나뭇잎', '냇물', '뒷일', '베갯잇', '빗물', '아랫니', '아랫마을', '잇몸', '제삿날', '툇마루', '훗날', '양칫물' 등이 이에 해당된다.

순우리말이 아닌 한자어에는 사이시옷을 쓰지 않는다. 다만 '곳간(庫間)', '셋방(貰房)', '숫자(數字)', '찻간(車間)', '툇간(退間)', '횟수(回數)' 여섯 단어는 사이시옷을 반드시 적는다.

북녘으로 눈길을 돌려 보자. 북한말에는 몇 가지 특징이 있다. 가장 두드러진 것이 순우리말 활용이다. 영어는 물론 한자어까지도 그네들은 순우리말로 다듬어 쓴다. 예컨대 '모자이크'는 '쪽무늬그림'이고, '주스'는 '단물'이다. '스타킹'과 '스킨로션'은 각각 '하루살이양말'과 '살물결'로 쓰고, 한자말 '분유'는 '가루젖', '미혼모'는 '해방처녀'란다.

북한사람들이 쓰는 말 중 우리와 체계가 다른 것 하나는 단어 첫머리의 'ㄹ'과 'ㄴ'이다. 사람의 성인 '이(李)'와 '유(柳)'도 그들은 '리'와 '류'를 쓴다. 따라서 그쪽에는 '리발소'는 있어도 '이발소'는 없다. 마을 '이장'도 북한에는 없다. '리장'이 있을 뿐이다. 북한 담배에는 '려과담배'라는 문구가 적혀 있다. 담배의 해로운 물질을 '걸러냈다'는 '여과(濾過)'를 '려과'라고 쓴 것이다. 우리식으로 바꾸면 물론 '필터담배'다.

'회계 년도'와 '회계 연도'는 어느 것이 옳은가. 또 이걸 붙여 쓸 경우 '회계년도'인가 '회계연도'인가. 붙이든 띄든 '회계 연도'와 '회계 연도'가 표준 어법에 맞다. '설립 연도', '창립 연도' 등도 마찬가지다.

'남여'는 '남'과 '여'를 따로 뗄 수 없으므로 '남녀'로 적는다. 다만 가운뎃점이나 쉼표를 넣어서 띄어 쓰면 각각 하나의 낱말이 되므로 '남·여', '남, 여'라고 적는다.

독립된 단어의 첫소리 'ㄴ'도 'ㅇ'을 쓴다. '년간(年間)'은 '연간'으로, '년령(年齡)'은 '연령'으로, '년월일(年月日)'은 '연월일'로 적어야 한다는 말이다.

'경쟁율'과 '경쟁률'은 어떤가. 이와 비슷한 '배당율', '사망율', '수익율', '승율', '적중율', '진학율', '취업율', '합격율' 등은 모두 '배당률', '사망률', '수익률', '승률', '적중률', '진학률', '취업률', '합격률' 등으로 적어야 한다. 다만 '접수율'처럼 앞말의 받침이 없거나, '출산율'과 같이 'ㄴ' 다음에 이어질 때는 '~율'을 쓴다는 점에 유의해야 한다.

사람의 직업이나 특징을 가리키는 '~장이'와 '~쟁이'도 구분해야 한다. 기술자에게는 '~장이'를, 성격이나 버릇 혹은 생활습관 따위의 뜻으로는 '~쟁이'를 쓴다. '~장이'를 쓰는 예로는 '미장이', '도배장이', '간판장이' 등이 있다. '깍쟁이', '개구쟁이', '거짓말쟁이', '겁쟁이', '난쟁이', '멋쟁이', '요술쟁이', '월급쟁이', '점쟁이' 등은 '~쟁이'를 쓰는 말이다.

'쌍동이'와 '쌍둥이' 중 옳은 말은 어느 것인가. '쌍둥이'다. 이밖에도 '~둥이'를 쓰는 말로는 '꼬마둥이', '늦둥이', '막둥이', '칠삭둥이' 등이 있다.

'내가 해 줄께'의 '~께'는 흔히들 잘못 쓰는 말 중 하나다. 어떤 일인가를 하겠다는 뜻의 끝말은 '~ㄹ께'가 아니라 '~ㄹ게'가 표준어다. '내가 갈게', '잘 먹을게요'가 옳다.

'뿌리채 흔들리다'의 '~채'도 잘못이다. '채'는 '있는 그대로의 상태'를 뜻하는 의존명사이므로 '벌거벗은 채 잠들었다'와 같이 쓴다. '통째로' 혹은 '온통'의 뜻을 가진 표준말은 '뿌리째'다.

'담배를 삼가하는'의 '삼가하는'도 잘못되었다. 이 말은 으뜸꼴이 '삼가다'이므로 '담배를 삼가는'이 맞다. 비슷한 예로 '헤매이고'가 있다. '갈피를 잡지 못하고 이리저리 돌아다니다'라는 뜻을 가진 동사는 '헤매이다'가 아니고 '헤매다'이므로 '헤매고'라고 써야 옳다.

표준어가 두 개인 말도 있다. 가장 흔한 것이 바로 '소고기'와 '쇠고기'다. '가여운'과 '가엾은', '깨뜨리다'와 '깨트리다', '넘어뜨리다'와 '넘어트리다' 등도 모두 표준어로 쓴다.

이제 나라 밖으로 가 보자. '카쎈타'와 '카쎈터'의 차이점은 뭘까. '카쎈타'는 '빵꾸'를 때우는 곳이고, '카쎈터'는 '펑크'를 때우는 곳이다. 물론 우스갯소리다.

과거에는 영화를 상영하기 전에 '대한뉴스'라는 걸 보여 주었다. 지금처럼 TV가 보편화되지 않은 시절의 이야기다. 그런데 그 시절에는 '대한뉴스'를 '대한늬우스'라고 표기했다. '뉴스(news)'를 '늬우스'라고 쓰고 읽고 말했던 것이다.

외래어는 '펜'이나 '택시'와 같이 우리말처럼 사용하는 외국어를 가리킨다. 우리말의 외래어는 한자어 아니면 영어가 대부분인데, 특히 영어와 같은 알파벳 문자와 우리말은 발음 체계가 다르다. 그래서 「한글 맞춤법」에는 '표준 외래어 표기법'을 정해 두고 있다. 외래어도 우리말처럼 맞춤법이 정해져 있다는 말이다. 다음에 쓰인 외래어를 보자.

정오 무렵 잠이 깬 혜수는 오린지쥬스 한 잔을 마신 뒤 욕실로 향했다. 어제 가족지원센타에서 열린 심포지움이 늦게 끝나서 자정이 넘어서야 오피스텔로 돌아왔던 것이다.

잠시 후 그녀는 타올을 들고 욕실을 나왔다. 스킨로숀을 얼굴에 바른 다음 리모콘 보턴으로 텔레비젼을 켰다.

"컴플렉스 때문이 아냐! 당신도 알다시피 내가 원래 비지니스로 바쁘잖아? 어제도 초콜렛 반 조각하고 도너츠 하나밖에 못 먹었어. 알기나 해?"

드라마 속 여자의 악다구니가 오후의 정적을 찢었다. 화면에 크로즈업된 그녀의 회색 샤츠에는 진주 악세사리와 네 입클로바 모양의 블로치가 달려 있었다.

혜수는 가스렌지에 후라이판을 얹고 슈퍼마켙에서 사 온 계란을 풀었다. 계란후라이가 담긴 접시를 들고 쇼파에 앉으려다가 탁자에 널린 마후라와 각종 행사 팜플렛을 정리했다. 바닥에는 비디오 테입도 흩어져 있었다.

"당신은 미스테리 그 자체야! 어제 부페식당에서 만난 여자가 회사 카운셀러라구? 나하고 코메디를 하자는 거야? 그리고, 뭐? 청춘의 심볼? 그런 식으로 나를 콘트롤하려고?"

여자는 삿대질까지 해대고 있었다. 어울리지 않게도 배경음악은 베에토벤의 피아노 쏘나타 8번 '비창'이었다.

혜수는 텔레비젼을 끄고 시계를 보았다. 설악산에서 열리는 워크샵에 늦지 않으려면 서둘러야 했다. 방송국 어나운서로 일하는 친구와 터미날 커피샵에서 만나기로 했었다.

봄꽃 화사한 설악산에는 아무래도 캐쥬얼이 어울릴 것 같아서 혜수는 어제의 청색 자켓 대신 얇은 개나리 칼라 쟘바에 청바지 차림으로 오피스텔을 나섰다. 엘레베이터에 오른 혜수는 심호흡을 길게 내쉬었다.

'오렌지(orange)'를 '어린지'라고 가르쳐야 한다고 해서 세간의 웃음거리가 된 적이 있다. 본토에서 어떻게 발음하는지는 몰라도 쓸 때는 '오렌지'가 맞다. '쥬스'도 '주스(juice)'가 표준어다. '가운데나 중심, 혹은 그런 건물'의 뜻을 가진 말은 '센타'가 아니고 '센터(center)'다.

'어떤 문제를 두고 여러 전문가가 각자의 의견을 발표하고 참석자의 질문에 답하는 형식의 토론회'를 가리키는 말은 '심포지움'이 아니라 '심포지엄(symposium)'이고, '사무실(office)'과 '호텔(hotel)'의 합성어로서 '간단한 주거시설을 갖춘 사무실'을 일컫는 말의 정확한 표기는 '오피스텔'이다.

 '수건'은 '타올'이 아니라 '타월(towel)'이라고 한다. '스킨로션(skin lotion)', '리모컨(remote control)', '버튼(button)', '텔레비전(television)', '콤플렉스(complex)', '비즈니스(business)', '초콜릿(chocolate)', '도넛(donut)' 등도 정확한 꼴을 기억해 두어야 한다.

 영화나 텔레비전에서 '배경이나 인물의 일부를 화면에 크게 나타내는 일'을 뜻하는 말은 '크로즈업'이 아니라 '클로즈업(close-up)'이고, '셔츠(shirt)'와 같은 옷차림을 돋보이게 하는 장식물은 '액세서리(accessory)'가 표준어다. '토끼풀'은 '클로버(clover)'라 하고, '유리나 귀금속으로 만들어서 옷의 깃이나 앞가슴에 핀으로 고정하는 장신구'는 '블로치'가 아니라 '브로치(brooch)'가 옳다.

 '가스렌지'와 '후라이판'은 '가스레인지(gas range)'와 '프라이팬(frypan)'으로 쓰고, '슈퍼마켓(supermarket)'과 '소파(sofa)'도 눈여겨 보아야 할 말이다. '마후라'는 아마 '머플러(muffler)'의 일본식 발음일 것이다. '설명이나 광고, 선전 따위를 위하여 얄팍하게 맨 작은 책자'는 '팜플렛'이 아니라 '팸플릿(pamphlet)'이다. '비디오 테입'도 '비디오테이프(video tape)'라고 쓴다.

 '이해할 수 없는 이상야릇한 일이나 사건'을 가리키는 말은

'미스테리'가 아니라 '미스터리(mystery)'다. 식당의 한 종류인 '뷔페(buffet)', '상담원'의 뜻을 가진 '카운슬러(counselor)', 그리고 '코미디(comedy)', '심벌(symbol)', '컨트롤(control)' 같은 말도 정확하게 알고 써야 한다.

저 유명한 「운명 교향곡」을 작곡한 사람은 '베애토벤'이 아니라 '베토벤(Beethoven)'이다. 또한 '기악을 위한 독주곡'을 가리키는 이탈리아어는 '소나타(sonata)'라고 쓰고 읽는다.

'학자나 관련 분야 전문가들의 연수를 위해서 개최하는 합동 연구방식'은 '워크숍(workshop)'이라고 한다. 이밖에도 '아나운서(announcer)', '터미널(terminal)', '커피숍(coffee shop)', '재킷(jacket)', '컬러(color)', '점퍼(jumper)', '캐주얼(casual)', '엘리베이터(elevator)' 같은 말도 정확하게 알고 써야 한다.

첫말과 끝말의 조홧속

모든 일에는 시작과 끝이 있다. 생명체도 마찬가지다. 머리가 있으면 다리가 있고, 대가리가 있으면 꼬리가 있다. 가지와 잎과 꽃이 있으면 줄기와 뿌리도 있는 법이다. 머리와 몸통은 사람인데 아랫도리는 지느러미와 비늘로 싸인 인어공주는 만화나 상상 속에만 존재할 뿐이다.

문장도 그렇다. 문장의 뼈대는 주어와 서술어다. 우리 문장의 뼈대는 '무엇이 어찌한다(예: 나는 사랑한다)', '무엇이 어떠하다(예: 그녀는 예쁘다)', '무엇은 무엇이다(예: 이것은 책이다)'의 세

가지다. 여기서 '무엇이(나는, 그녀는, 이것은)'는 주어고, '어찌한다(사랑한다)'·'어떠하다(예쁘다)'·'무엇이다(책이다)'는 서술어다.

문제는 이런 틀에서 벗어난 문장이 의외로 많다는 데 있다. '그의 생각은 나에게 감동이었다'는 주어와 서술어의 조화가 깨진 문장이다. '그의 생각'은 나에게 '감동'을 준 원인이지 '생각' 자체가 '감동'은 아니기 때문이다. '그의 생각은 나에게 감동을 준 생각이었다'에서는 주어와 서술어의 '생각'이 서로 충돌하고 있다. '그의 생각은 나에게 감동을 주었다', '나에게 감동을 준 것은 그의 생각이었다'라고 써야 한다.

'산은 산이고 물은 물이다'라는 유명한 '말씀'이 있다. 천지간 삼라만상이 섭리에 따라 저마다의 존재의미를 갖고 있으니 산을 물이라거나 물을 산이라고 우기지 말라는 건데, 이 말은 하도 당연해서 좀 허무하기까지 하다.

'이 노래는 장기하가 부른 노래다'라는 문장을 보자. 이건 어떤 '사실'을 전달하는 문장이다. 이 문장의 주어는 설명의 대상인 '이 노래'다. 그런데 서술어에도 같은 말을 썼다. 서술어의 '노래'를 빼고 '이 노래는 장기하가 불렀다' 혹은 '이건 장기하가 부른 노래다'라고 써야 완전한 문장이 된다.

'이 프로그램은 15세 미만의 어린이나 청소년이 시청하기에 부적절하므로 부모의 시청지도가 필요한 프로그램입니다'라는 TV 안내문도 '산은 산이다'와 같은 꼴이다. '이 프로그램은 ~ 프로그램입니다'라고 썼기 때문이다. '이 프로그램은 15세 미만의 어린이나 청소년이 시청하기에 부적절하므로 부모의 시청지도가 필요합니다'라고 써야 한다. 물론 '시청(視聽)'을 두 번 쓴 것도 좋지 않으므로 하나는 생략해서, '~청소년에게 부적절하므로 부모의 시청지도가 필요합니다'라고 쓰면 한결 깔끔해진다.

'어제 뒤풀이를 했던 주점은 전통가옥의 정취를 느낄 수 있어서 참 좋았던 주점이었다'라는 문장도 마찬가지다. 이 문장의 주어는 '주점은'이다. 그런데 서술어에도 '주점'이 보인다. 물론 이렇게 쓴다고 해서 문장이 안 된다거나 뜻을 정확하게 전달할 수 없다는 것은 아니다. 그래도 '주점' 하나를 생략해서, '어제 뒤풀이를 했던 주점은 전통가옥의 정취를 느낄 수 있어서 참 좋았다'라고 써야 한다.

무엇이 산이고 어느 것이 물이라는 말인지 아무리 물어도 대답해 주지 않으면 듣는 이는 답답할 수밖에 없다. 주어를 함부로 생략하지 말라는 뜻이다.

'너와 미숙이가 헤어지다니 참 어리석구나'라는 문장을 보자. 이 문장의 서술어는 '어리석구나'이다. 그런데 읽는 이는 어리석은 사람이 누구인지 알기 어렵다. 주어가 빠졌기 때문이다. 상황에 따라서는 어리석은 사람이 '너'일 수도 있고, '미숙'일 수도 있다. 물론 둘 다일 수도 있다. '너와 미숙이가 헤어지다니 너희들은/미숙이는/너는 참 어리석구나'라고 주어를 분명히 밝혀야 한다.

'축구경기에서 포지션 이동이 자유로운 선수를 가리켜 리베로라고 하는데, 그 대표적인 선수였다'라고 쓴 문장도 마찬가지다. 이 문장은 '축구경기에서 포지션 이동이 자유로운 선수를 가리켜 리베로라고 한다'와 '그 대표적인 선수였다'로 나누어진다. 첫 문장의 내용상 주어는 '리베로'다. 그런데 두 번째 문장에는 주어가 빠져서 '대표적인 선수'가 누구인지 알 수가 없다. '축구경기에서 포지션 이동이 자유로운 선수를 가리켜 리베로라고 하는데, 그는/우리 형은/홍명보는 그 대표적인 선수였다'와 같이 주어를 밝혀 써야 한다는 말이다.

'나는 지난 주말에 혜주하고 농구경기장에 갔는데, 우리 회사 선배언니의 큰오빠였다'라는 문장을 보자. 누구든 이 문장에 담긴 뜻을 제대로 이해할 수 있을까. 제대로 정리되지 않은 생각을 마구 풀어내기 때문에 이런 문장을 쓰게 되는 것이다. 이 문장은 내용상 '나는 지난 주말에 혜주하고 농구경기장에 갔다', '우리 회사 선배언니의 큰오빠였다'로 나누어진다. 첫 문장은 주어인 '나'와 서술어인 '갔다'가 분명히 드러나 있다. 그런데 두 번째 것은 그렇지 않다. 특히 두 번째 문장의 주어로 쓰일 수 있는 말은 상황에 따라 대단히 다양하다. '나는 지난 주말에 혜주하고 농구경기장에 갔는데, 우리가 응원한 팀의 감독은/원정팀 코치는/3점 슛을 가장 많이 성공시킨 선수는 우리 회사 선배언니의 큰오빠였다'와 같이 주어를 분명하게 밝혀 써야 읽는 이가 그 뜻을 알 수 있는 완전한 문장이 된다.

사람을 '만물의 영장(靈長)'이라고 한다. 생각의 힘 덕택이다. 그런데 생각의 힘은 언어에서 나온다. 사람은 언어를 활용해서 체계적이고 깊게 생각하고 말할 수 있다. 그러므로 생각과 말과 행동의 주체는 당연히 사람이다.

 '동생의 행동은 컵라면을 맛있게 먹고 있다'라는 문장을 보자. 컵라면을 먹고 있는 건 '동생'이지 '동생의 행동'이 아니지 않은가. '누나의 기분은 화가 많이 나 있다'라고 쓰는 것도 매한가지다. '화가 많이 나 있'는 건 '기분'의 상태나 내용을 가리키는 말일 뿐 '기분'이 사람처럼 직접 화를 내는 건 불가능하기 때문이다. '누나는 화가 많이 나 있다'라고 써야 한다.

 '김수환 추기경께서 하신 말씀이 서로 사랑하라고 강조하셨다'라는 문장은 어떤가. 이 문장의 틀은 '김수환 추기경께서 하신 말씀이 ~ 강조하셨다'여서 주어 '말씀이'와 서술어 '강조하셨다'가 충돌한다. '강조'는 '사람'이나 할 수 있는 일이지 '말씀'이 어떤 사실을 '강조'하는 건 불가능하기 때문이다. 이 문장은, '김수환 추기경께서는 서로 사랑하라고 강조하셨다' 혹은 '서로 사랑하라고 김수환 추기경께서는 강조하셨다'와 같이 바꿔 써야 한다.

 '그들의 신념은 동계올림픽을 반드시 유치해야 한다는 생각을 갖고 있다'와 같은 문장도 마찬가지다. 서술부인 '생각을 갖고 있다'에서 '생각'의 주체는 '신념'이 아니라 '그들'이다. 따라서 '그들은 동계올림픽을 반드시 유치해야 한다는 생각을/신념을 갖고 있다'라고 써야 주어와 서술어의 연결이 자연스러워진다.

 '중요한 것은 항상 책을 읽으며 생활하는 것이 반드시 필요하다'에서는 주어와 서술어가 한층 복잡하게 얽혀 있다. '중요한 것은 ~ 필요하다'라고 해서 주어와 서술어가 엇박자를 내고 있기 때문이다. 서술어 '중요하다'를 빼고 '중요한 것은 ~ 행동하는 것이다'라고 써도 '것은'과 '것이다'의 '것'이 충돌한다. '항상 책을 읽으며 생활하는 것이 반드시 필요하다' 혹은 '항상 책을 읽으며 생활하는 것이 매우 중요하다'라고 쓴다. 물론, '항상 책을 읽으며 생활해야 한다'라고 쓰면 더 간명해진다.

'프리미어리그에서 활약하고 있는 박지성 선수는 강한 체력이다'와 같은 문장도 있다. 이 경우는 '박지성 선수는'이 주어이고, 서술어는 '체력이다'이다. 이 문장의 틀은 '박지성 선수는 ~ 체력이다'인 셈인데, 예문처럼 이 둘이 대등한 관계에 놓이는 건 불가능하다. '프리미어리그에서 활약하고 있는 박지성 선수는 강한 체력을 갖고 있다'라고 써야 한다.

군살없는 S라인 문장

젊은 여성들 사이에 S라인 몸매는 이제 일상적인 화두가 된 듯하다. 사실 군더더기 없이 매끈한 몸매는 보기도 좋을 뿐 아니라 건강에도 유익하다고 한다.

문장도 마찬가지다. 꼭 필요한 말은 반드시 넣되 군살에 해당되는 단어는 과감하게 생략함으로써 전달하려는 뜻이 명료하게 드러날 수 있도록 써야 한다. 그게 바로 S라인 문장이다.

그 말이 그 소리인 말

같은 말을 자꾸 반복하는 사람들이 더러 있다. 목에 힘줄을 불룩거리며 열변을 토하는 사람은 그야말로 요령부득이다. 아무리 중요하고 듣기 좋은 말이라 해도 같거나 비슷한 말을 자꾸 들으면 짜증이 나게 마련이다. 진실을 의심받기도 한다.

문장도 마찬가지다. 주장을 강조하려고 문장 안에서 뜻이 같은 말을 반복해서 쓸 수는 있다. 그런데 매사가 그렇듯 이것도 지나치면 문제다.

'운동의 기능 중 가장 중요한 기능은 건강증진 기능이다'에는 '기능'이라는 말이 셋이나 들어 있다. 과감하게 생략해서 '운동의 가장 중요한 기능은 건강증진이다', '건강증진은 운동의 가장 중요한 기능이다'와 같이 써야 한다.

'속절없는 일이 아닐 수 없다'라는 구절은 어떤가. 우선 '없~'을 두 번 썼다. '아닐 수 없다'는 이중부정이기도 하다. 이건 그야말로 군살이 많은 문장이다. '속절없는 일이다'라는 두 어절로 충분하다.

'믿어 의심치 않고 확신한다'도 마찬가지다. '믿어'와 '의심치 않고'는 뜻이 같다. 이 둘을 합친 것과 '확신한다'도 매한가지다. '확실히 믿는다'라는 두 단어만으로도 뜻을 전달하는데 아무 문제가 없다. 비슷한 예로 '알고 있지 못하다'가 있다. 이 안에는 '알다', '있다', '못하다'라는 세 가지 용언이 들어 있다. 이 셋을 합친 말은 '모른다' 정도일 것이다.

'점심을 든든하게 먹었지만 하지만 벌써 배가 고프다'라고 쓴 구절은 무엇이 잘못인가. '하지만'은 '그러나'와 비슷한 뜻을 가진 접속부사다. 그 앞말 '먹었지만'의 '~지만' 역시 같은 뜻을 가졌다. 결국 뜻이 같은 말을 이어 쓴 셈이다. '아무리 후

회해도 그래도 아무 소용없다'와 같은 구절도 이런 잘못을 저지른 예다. '보고 싶었기 때문에 그래서 왔다', '쉬지 않고 일해도 그래도 생활은 나아지지 않았다' 등도 마찬가지다.

'6월항쟁 그 무렵부터 이후 크게 달라졌다'라는 구절을 보자. '6월항쟁'이라는 구체적인 시기를 명시해 놓았기 때문에 '그 무렵부터'의 '그'는 굳이 덧댈 필요가 없다. '무렵부터'의 '~부터'에도 '이후'의 뜻이 들어 있다. 뜻이 같은 말을 잘라내면 '6월항쟁 이후 크게 달라졌다'와 같이 간결해진다.

'우리부터 먼저 일어나자'도 마찬가지다. 조사 '~부터'는 그 안에 '먼저'의 뜻이 들어 있다. '우리부터 일어나자', '우리 먼저 일어나자'와 같이 써야 한다.

'진실이는 그동안의 성실한 출석으로 인해 교수님께 인정을 받았다'라고 쓴 문장은 얼핏 잘못이 없어 보인다. 그런데 '출석으로'의 '~으로'는 뒤이어지는 '인해'와 마찬가지로 어떤 일이 발생하게 된 '원인'을 뜻하는 말이다. '인해'는 군더더기이므로 당연히 빼고 써야 한다.

'그는 앞으로 그가 무엇을 할 것인가 하는 미래에 하고 싶은 그의 계획을 확인하곤 했다'라고 쓴 문장은 더 심각하다. 이 문장에서는 행위주체인 '그'를 세 번 썼다. '앞으로'와 '미래'도 뜻이 같다. '무엇을 할 것인가'와 '하고 싶은'과 '계획'도 그게 그 소리다. 반복해서 쓴 단어를 덜어내면 '그는 앞으로의 계획을 확인하곤 했다'와 같이 간결해진다. 물론 '계획'은 언제나 '앞으로의' 일이므로 이마저도 생략할 수 있다.

'내가, 다른 사람도 아닌 바로 내가 여기 이 자리에서 여러분 모두에게 말하고 주장하고 싶고 그러기를 원하는 것은 우리 민족인 한민족의 자부심과 자긍심을 절대로 잊거나 망각해서는 안 된다는 사실이다'라는 문장은 뜻이 같거나 비슷한 말을 많이 쓰는 바람에 대단히 장황해진 예다. '내가'와 '다른 사람도 아닌 바로 내가', '여기'와 '이 자리', '여러분'과 '모두', '말하고'와 '주장하고 싶고'와 '그러기를 원하는', '우리 민족'과 '한민족', '자부심'과 '자긍심', '잊거나'와 '망각해서는' 등이 바로 그런 말들이다. 이런 문장은 독서의 속도감을 크게 떨어뜨린다. 더 큰 문제는 주장하려는 바를 명확하게 전달할 수 없다는 데 있다. '나는 이 자리에서 우리 한민족의 자긍심을 절대 망각해서는 안 된다는 걸 여러분에게 주장하고 싶다'라고 써도 사실은 좋지 않다. 그건, '여러분, 우리 한민족의 자긍심을 절대로 잊지 마십시오.'라고 쓴 문장과 비교해 보면 한눈에 알 수 있다.

'거짓말도 그럴듯하고 자연스럽게 해야 한다'라고 쓴 구절도 마찬가지다. '그럴듯하고'와 '자연스럽게'를 비교해 보라. 세상 모든 일은 그럴듯하면 자연스러워진다. 그럴듯하지 않은데 자연스러운 경우는 거의 없다. '거짓말도 그럴듯하게 해야 한다' 혹은 '거짓말도 자연스럽게 해야 한다'로 충분하다.

'이번 겨울방학에는 무슨 일이 있어도 반드시 소설을 한 편 써야겠다'라는 문장의 '무슨 일이 있어도 반드시'도 잘못이다. '무슨 일이 있어도'와 '반드시'의 뜻이 크게 다르지 않기 때문이다. '무엇보다도 가장', '전부가 모두', '모두 다', '어떤 일이 있어도 꼭', '거의 가깝다' 등도 잘못이긴 매한가지다.

우리가 일상적으로 쓰는 말의 70퍼센트는 한자어다. 즉 순우리말 30퍼센트에 외래어를 섞어 쓰고 있는 셈이다. 그러다 보니 순우리말과 뜻이 같은 한자말을 이어 쓰는 예도 흔하다.

'타고난 선천적 재능'과 같은 구절이 그렇다. 철학적 개념으로 '선천적(先天的)'은 '모든 경험 이전에 독립적으로 이루어지는 인식'을 뜻하고, 일상적으로는 '태어날 때부터 갖고 있는 능력이나 사고의 틀'을 가리키는 말이다. 한자어 '선천적'과 순우리말 '타고난'은 뜻이 같다. '타고난 재능'이나 '선천적 재능' 중 한 가지만 골라 써야 한다.

'차갑고 냉담한 반응'도 마찬가지다. '냉담(冷淡)'은 '태도나 마음씨가 차가움'을 뜻하는 한자말로, 순우리말인 '차갑고'와 뜻이 같다. '차가운 반응'이나 '냉담한 반응' 둘 중 하나로 충분하다. '가까운 인접국가'와 같은 잘못도 마찬가지다. '쉽게 보아 넘길 수 없는 심각한 수준'이라고 쓰는 것도 그렇다.

순우리말과 한자말의 일부를 중복해서 쓰는 경우도 있다. '하루가 다르게 급변하는 모습'과 같은 구절이 그런 예다. '급변(急變)'은 어떤 일이 '매우 빠르게 변하는 것'을 가리키는 말이므로 '급변'의 '급(急)'은 '매우 빠름'의 뜻을 갖고 있다. '하루가 다르게'와 뜻이 같다는 말이다. '하루가 다르게 변하는 모습'이나 '급변하는 모습'이라고 써야 한다. '미리 예측한다', '미리 예약한다'와 같이 쓰는 것도 잘못이다. '예약(豫約)'의

'예(豫)'가 '미리'의 뜻을 갖고 있기 때문이다. '사전(事前)에 예약(豫約)한다'라고 쓰는 것도 마찬가지다.

순우리말의 일부와 한자말을 중복해서 쓰기도 한다. 바로 '남쪽 방향'과 같은 표현이다. '남쪽'의 '쪽'은 한자말 '방향'과 뜻이 같다. '남쪽' 하나로 충분하다.

'고유의 전통문화를 중요시하게 생각한다'의 경우 '고유'와 '전통'에 담긴 뜻이 일부 중복된다. '중요시(重要視)'의 '시(視)'에도 '바라보다', '생각하다'의 뜻이 들어 있다. 이 구절은 '고유의 문화를 중요시한다', '전통문화를 중요하게 생각한다', '고유문화를 중요하게 생각한다'와 같이 써야 한다. '지나치게 남용하다'도 잘못이다. '남용(濫用)'의 '남(濫)'에 '지나치다' 혹은 '넘치다'의 뜻이 들어 있기 때문이다.

뜻이 비슷한 한자말을 중복해서 나열하는 경우도 있다. '능동적이고 자발적인 자세'와 같은 구절이 그렇다. '능동적이다'와 '자발적이다' 모두 '스스로 선택해서 행동하다'라는 뜻을 가졌다. '능동적인 자세'나 '자발적인 자세' 중 하나만 쓰도록 한다.

한자말의 일부를 반복해서 쓰기도 한다. '과거 전력을 들추어서'와 같은 구절이 그것이다. '과거(過去)'는 '지나간 시간'을 가리키고, '전력(前歷)'은 '과거의 경력'을 뜻한다. 이 구절은 '과거 경력을 들추어서'나 '전력을 들추어서'라고 써야 한다.

'결국 회칙에 명시되어 있지 않고 없는 사안은 일반 관례에 따르기로 최종적으로 합의를 결정했다'라고 쓴 문장은 어떤가. '있지 않고'와 '없는'은 뜻이 같다. '관례(慣例)'의 '관(慣)'

과 '일반'도 마찬가지다. '따르기로'와 '최종적으로'의 '~로'를 겹쳐 쓴 것도 바람직하지 않다. 또한 모든 '결정'은 늘 '최종적으로' 하는 것이므로 '결정'이라는 말은 군더더기다. '합의를 결정했다'도 그냥 '합의했다'라고 쓴다. 그러고 보면 맨 앞의 '결국'도 필요가 없다. 예문은, '회칙에 명시되어 있지 않은 사안은 관례에 따르기로 합의했다'라고 쓸 수 있는데, '회칙에 없는 사안은 관례에 따르기로 했다'가 더 간결하다.

뜻이나 모양이 같은 말을 반복해서 쓰는 건 전달하려는 바를 필요 이상 강조하거나 문장에 멋을 내려고 하기 때문이다. 물론 표현력이 부족해서 그렇게 쓰는 경우도 더러 있다. 하지만 그런 문장은 읽는 이를 지루하게 만들 뿐이다.

줄이고 가리켜 대신 쓰기

'지시어'는 앞말을 가리키는 구실을 한다. 이는 특정한 대상을 한정하여 가리키는 '지시관형사'와, 어떤 사물이나 처소 등을 대신하는 '지시대명사'로 나누어진다.

'철수는 공부를 잘 한다. 철수는 얼굴도 잘 생겼다.'에서는 두 개의 짧은 문장에 '철수는'이라는 주어를 반복했다. 이럴 때는 지시대명사를 활용해서 '철수는 공부를 잘 한다. 그는 얼굴도 잘 생겼다'와 같이 쓴다.

'혜미는 영화를 보았다. 윤석이도 영화를 보았다'는 서술어를 반복한 예다. 이 경우에도 '혜미는 영화를 보았다. 윤석이도 그랬다/마찬가지다'라고 쓰는 게 좋다.

모양이 같은 단어나 구절을 겹쳐 쓰면 문장이 단조로워지게 마련이다. 문장을 간결하고 읽는 맛이 나게 쓰려면 '이', '그', '이처럼', '그처럼', '그와 같이', '그런 생각은' 등의 단어를 적절히 활용할 줄 알아야 한다.

'축구는 축구를 좋아하는 사람들에게는 종교와 같다'와 같은 문장을 보면 첫머리에 '축구'가 겹쳐 나온다. 이런 문장은 읽는 맛이 떨어진다. 주어로 사용한 '축구'는 살리되 목적어로 쓴 두 번째 '축구'는 적절하게 바꿔서 '축구는 이를/이것을/그것을 좋아하는 사람들에게는 종교와 같다'라고 쓴다.

단어뿐 아니라 구절을 반복해서 쓰는 경우도 있다. '그는 심한 상실감을 겪고 있다. 그가 심한 상실감을 겪고 있는 것은 여자 친구와 헤어졌기 때문이다.'와 같은 문장이 그렇다. 두 번째 문장 첫머리의 '그가 심한 상실감을 겪고 있는 것은'을 '그건'으로 바꾸면 훨씬 간명해진다.

'나는 어제 저녁에 농구경기장에 갔다. 어제 저녁에 농구경기장에서 나는 옛날 남자친구를 만났다'라고 쓰는 건 어떤가. 두 문장에 '어제 저녁'이라는 시간과 '농구경기장'이라는 공간 개념을 겹쳐 사용했다. 뒤의 '어제 저녁에 농구경기장에서'는 '그곳에서'로 충분하다. '나는'을 반복해서 쓸 이유도 없다. 예문은, '나는 어제 저녁에 농구경기장을 갔다. 그곳에서 옛날 남자친구를 만났다'라고 쓸 수 있는데, '나는 어제 저녁에 농구경기장에서 옛날 남자친구를 만났다'와 같이 하나의 문장으로 연결해서 쓰는 것이 더 좋겠다. '농구경기장에서' 속에 이미 '나'가 농구경기장에 갔다는 사실이 들어 있기 때문이다.

'문화는 사회 구성원들이 오랜 세월에 걸쳐 만들어 온 생활양식이다. 오랜 세월에 걸쳐 만들어 온 생활양식이 문화이기 때문에 각각의 사회는 독특한 문화를 형성하게 마련이다.'의 경우는 '오랜 세월에 걸쳐 만들어 온 생활양식'을 겹쳐 쓴 것이 잘못이다. 두 번째 문장 첫머리에 지시어를 넣어서 '그러므로 각각의 사회는 독특한 문화를 형성하게 마련이다'라고 고쳐 쓴다.

간결하게 혹은 명료하게

길이가 짧은 문장은 당연히 간결하다. 전달하려는 뜻도 명료해 보인다. 그렇게 읽힌다. 그러므로 장점이 많다. 문장 자체가 생각의 단위이기 때문에 그렇다. 한 문장으로는 가급적 하나의 사실이나 생각만 전달하는 것이 좋다.

'나는 지난주 토요일에 현정이하고 바닷가에 가기로 했는데 아버지께서 갑자기 교통사고를 당하시는 바람에 하는 수 없이 약속을 못 지킬 것 같다고 현정이한테 급히 문자를 보냈다'라고 쓴 문장을 보자. 겪은 일을 시간적 순서에 따라 떠오르는 대로 마구 쓰다 보니 장황해진 예다. 이렇게 쓰면 읽는 이는 내용에 따라 끊어서 이해해야 하는 번거로움을 감수해야 한다.

'나는 지난주 토요일에 현정이하고 바닷가에 가기로 했다.

그런데 아버지께서 갑자기 교통사고를 당하셨다. 나는 하는 수 없이 약속을 못 지킬 것 같다고 현정이한테 급히 문자를 보냈다'라고 끊어 쓰면 내용을 이해하기가 훨씬 쉬워진다.

'수화기를 들고 버튼을 누르자 발신음이 계속 들렸는데 하지만 전화를 받는 사람은 아무도 없었다'라고 쓴 문장은 어떤가. 물론 이걸 지나치게 긴 문장이라고 할 수는 없다. 띄어쓰기까지 합해도 50자를 조금 넘는다. 내용을 파악하기도 어렵지 않다. 하지만, '나는 수화기를 들고 버튼을 눌렀다. 발신음이 계속 들렸다. 하지만 전화를 받는 사람은 아무도 없었다'와 같이 세 문장으로 나누어 쓰면 '나'의 다급한 심리상태를 묘사하는 데 더 효과적일 것이다.

'바람이 매섭게 불었으며 눈발이 칼날처럼 매서웠으므로 나는 어깨를 움츠리며 눈을 가늘게 뜨고 전방을 주시했다'라는 문장의 '나'는 어딘가를 향해 눈보라 속을 걷고 있다. 이 안에 든 상황은 '바람이 매섭게 불었으며, 눈발이 칼날처럼 매서웠으므로, 나는 어깨를 움츠리며, 눈을 가늘게 뜨고 전방을 주시했다'와 같이 대략 넷으로 나누어진다. 이걸 다시 정리하면, '바람이 매섭게 불었다. 눈발이 칼날처럼 매서웠다. 나는 어깨를 움츠렸다. 눈을 가늘게 뜨고 전방을 주시했다'와 같은 꼴이 된다.

이렇게 짧게 끊어 쓰면 좋을 텐데 아직도 많은 이들은 문장을 길게 늘여 빼서 쓰는 습관을 좀처럼 버리지 못하고 있다. 그 이유는 무엇인가.

첫째, 길게 써야 문장의 품격이 높아진다는 그릇된 인식이 큰 몫을 차지한다. 특히 법률 관련 문건들의 경우는 대단히 심각하다. 하지만 문장의 권위는 길이에 좌우되는 것이 아니다.

둘째, 모양이나 뜻이 같은 말을 겹쳐 사용하기 때문이다. '머리를 싸매고 아무리 애를 쓰며 곰곰이 생각하고 또 생각해 봐도 떠오르지 않았다'와 같은 문장이 그것이다. '머리를 싸매고', '애를 쓰며', '곰곰이 생각하고', '또 생각해'와 같은 말은 모양만 다를 뿐 뜻은 비슷하다. '아무리 애를 써도 떠오르지 않았다'라고 써도 충분하다는 말이다. 전달하려는 뜻을 힘주어 강조하거나 멋스럽게 표현하느라고 문장을 길게 늘여 쓴 예인데 이는 반드시 버려야 할 습관이다.

셋째, 복잡하게 얽혀 있는 생각이나 사실을 마구 늘어놓기 때문이다. '나는 어제 친구와 함께 강가로 낚시를 하러 갔는데 수심이 아주 깊은 그 강에는 큰 물고기가 아주 많다고 들었지만 저녁 무렵에 아주 큰 친구 아버지의 어망에는 손바닥만 한 붕어 세 마리만 잡은 짧은 낚싯대였다'와 같은 문장이 그것이다. 떠오르는 생각을 정돈하지 않고 쓰면 문장이 길어진다. 주어와 서술어가 뒤죽박죽인 비문이 되기도 쉽다. 이 또한 문장을 간결하게 써야 하는 중요한 이유다.

단어들이 조화된 문장

 영화제에 참석하려고 양복을 근사하게 차려입은 배우가 축구화를 신었다고 가정해 보자. 화려한 드레스를 걸친 여배우가 책가방을 들고 레드카펫을 밟고 있는 장면은 또 어떤가.
 잘 차려입은 양복에는 반짝이는 구두가 제격이고, 화려한 드레스에는 그에 어울리는 색상으로 디자인한 핸드백을 들어야 제격이다. 문장을 쓸 때도 마찬가지다.

개발에 편자 같은

 '개발에 편자'라는 말이 있다. '편자'는 험한 곳을 달리는 말의 발바닥에 붙이는 쇠붙이다. 당연히 개의 발에는 쓸모가 없는 물건이다. 오히려 걸음걸이만 불편하게 만들 뿐이다. 그러니 없는 것만 못하다.

'우리 아이는 엄마 젓을 먹고 자라서 건강해'라는 문장을 보자. 좀 이상하지 않은가. '젓'은 '새우·조기·멸치 따위의 생선이나, 조개·생선의 알과 창자 따위를 소금에 짜게 절여서 삭힌 반찬'을 일컫는다. 당연히 '엄마 젖'이라고 바꿔 써야 한다.

'다르다'와 '틀리다'는 뜻이 전혀 다른데도 문장이나 일상 대화에서 빈번하게 잘못 사용한다. '다르다'의 반대말은 '같다'이고, '틀리다'의 반대말은 '맞다' 혹은 '옳다'이다. 네 생각과 내 생각은 '다르다' 혹은 '같지 않다'고 할 수는 있어도 '틀리다'는 어울리지 않는다.

'맞히다'와 '맞추다'를 제대로 가려 쓰지 않는 경우도 비일비재하다. '정답을 맞추신 분께는'과 같은 말이 그것이다. 당연히 '정답을 맞히신 분께는'이라고 써야 한다. '맞추다'는 '계산을 맞추다', '발을 맞추다', '시계를 맞추다', '능력에 맞추다', '음식의 간을 맞추다', '줄을 맞추다'와 같이 쓰인다. 타동사로는 '입을 맞추다'와 같이 '서로 마주 대다', '기계를 뜯었다가 다시 맞추다'처럼 '해체된 물건을 결합하다', '양복을 맞추다'나 '떡을 맞추다'와 같이 '일정한 규격으로 만들도록 미리 부탁하다'라는 뜻으로 다양하게 쓰인다.

비슷한 모양으로 '맞히다'가 있는데 이는 '비를 맞히다', '예방주사를 맞히다'와 같이 '어떤 일을 맞게 하다'라는 뜻으로 쓰인다. '정답을 맞게 대다'라는 뜻으로도 쓴다. '총이나 활 따위를 쏘아 과녁에 맞게 하다'라는 뜻을 가진 말도 '맞히다'다.

'키가 매우 적은 사람'처럼 '적다'와 '작다'를 혼동해서 쓰기도 한다. '적다'와 '많다'는 주로 수량을 재는 단위이므로 '돈이 적다/많다', '책이 적다/많다'와 같이 쓴다. 반면 '작다'와 '크다'는 크기를 재는 단위이기 때문에 '집이 작다/크다', '발이 작다/크다'와 같이 쓰인다.

'보전'과 '보존'도 뜻이 다르다. '애국가'는 '대한사람 대한으로 길이 보전하세'로 끝난다. '보전(保全)'은 '온전하게 잘 지키거나 지니고 있음'을 뜻하므로 '민족정기의 보전'과 같이 관념적인 뜻을 전달할 때 쓴다. '보존(保存)'은 '잘 간수하여 존속하게 하는 것'을 뜻하는 말로 '신체 보존', '유물 보존' 등과 같이 물리적 손상의 위험이 있는 대상을 가리킬 때 쓴다.

'부치다'와 '붙이다'는 어떻게 다른가. '부치다'는 '힘이 부친다', '편지를 부친다', '논밭을 부친다', '빈대떡을 부친다', '식목일에 부치는 글', '회의에 부치는 안건' 등과 같이 '모자라다'거나 '보내거나 내놓다'라는 뜻으로 쓴다. 반면 '붙이다'는 '서로 맞닿아 떨어지지 않게 하다'라는 뜻의 타동사다. '우표를 붙이다', '책상을 벽에 붙이다', '불을 붙이다', '감시원을 붙이다', '조건을 붙이다', '취미를 붙이다', '별명을 붙이다' 등으로 쓰인다.

'가리키다'와 '가르치다'도 흔히들 잘못 쓴다. '가리키다'는 '손가락 따위로 방향이나 대상을 지시하거나 짚어 보이다'라는 뜻으로 쓰고, '가르치다'의 뜻은 '지식을 깨닫게 하거나 알도록 일러주다'이다. 선생님은 학생들을 '가르치는' 사람이지 '가리키는' 사람이 아니다.

'두텁다'와 '두껍다'도 뜻이 다르다. '두껍다'는 '책이 두껍다', '두꺼운 합판'과 같이 사물의 부피를 가리키는 말로서 '얇다'의 반대어로 쓰인다. '두텁다'는 '사랑이 두텁다', '우의가 두텁다'와 같이 추상적인 부피를 가리킨다.

'지그시'는 '지긋이'를 소리나는 대로 적은 모양이지만 쓰임은 다르다. '지그시'는 '은근히 힘을 주는 모양'을 가리키는 부사로 '눈을 지그시 감다', '바닥을 지그시 밟다'와 같이 쓴다. '꾹 참고 견디는 모양'을 가리킬 때도 '아픔을 지그시 견디다'와 같이 쓴다. 반면 '지긋이'는 으뜸꼴이 '지긋하다'인 형용사에 접미사 '~이'가 덧붙어서 만들어진 말로, '연세가 지긋하신 어른'과 같이 '나이가 비교적 많아 보이는 모양'을 가리킨다.

'잃다'와 '잊다'도 구분해야 한다. '잃다'는 '갖고 있던 것이 없어졌음'을 뜻한다. '책을 잃다', '부모를 잃다', '길을 잃다' 등으로 쓰인다. '잊다'는 '과거를 잊다', '추위를 잊다', '은혜를 잊다'와 같이 '생각'이나 '느낌'을 표현할 때 쓴다.

당연한 말이지만 '건강(健康)'과 '건장(健壯)'도 뜻이 크게 다르다. '건강한'과 '건장한'은 각각 '병치레를 하지 않는', '몸이 튼튼하고 기운이 센'의 뜻을 가졌다.

'체력(體力)'과 '체격(體格)'의 정확한 뜻은 무엇이겠는가. '체력'은 '신체가 어떤 일을 수행할 수 있는 물리적 힘의 크기'를 가리키는 말이다. '체격'은 '신체의 규격 혹은 크기'를 뜻한다. 체격이 크다고 해서 누구나 체력까지 왕성한 것은 아니다. 그 반대의 경우도 흔하다.

'지향(志向)'과 '지양(止揚)'도 모양이나 소리는 비슷해도 뜻은 같지 않다. '지향'은 '목표를 향해 뜻[志]이 쏠리는[向] 것'을 뜻하고, '지양'은 '어떤 것을 일단 부정하고 다른 방법을 모색한다'라는 뜻을 가졌다.

'있다가'와 '이따가'는 어떻게 쓰이는가. '있다가'는 '식당에 있다가 어디 갔었냐?'처럼 '행위가 잠시 그 상태로 유지되는 것'을 뜻한다. 반면 '조금 뒤에'의 뜻을 가진 말은 '이따가'다. 그러므로 '있다가 결과를 보고 얘기하자'라고 쓴 구절의 '있다가'는 잘못이다. '이따가'라고 써야 한다.

'벌이는'과 '벌리는'을 보자. '벌이다'는 '어떤 일을 만드는' 행위를 뜻한다. '벌리다'는 '둘 사이를 넓게 만드는 것'으로 '오므리다', '닫다', '다물다'의 반대말이다. 그러므로 싸움은 '벌이는' 것이고, 간격은 '벌리는' 것이다.

'띠다', '띄다', '떼다'도 다르게 쓰인다. '띠다'는 '웃음을 띠다', '얼굴에 홍조를 띠다', '역사적 사명을 띠다'와 같이 '상태'를 뜻한다. '띄다'는 '눈에 띄는 행동'과 같이 '동작'을 가리키거나 '단어의 띄어쓰기를 잘 해야 한다'처럼 간격을 벌리는 '행동'을 뜻한다. '떼다'는 '젖을 떼다', '벽보를 떼다', '영수증을 떼다'와 같이 '붙어 있는 것을 떨어지게 하다'라는 뜻으로 쓴다. '정을 떼다'도 마찬가지다.

'어떡해'와 '어떻게'는 어떻게 다른가. '어떡해'는 '너마저

떠나면 나는 어떡해'와 같이 '어떻게 해'가 줄어든 꼴이고, '어떻게'는 '어떠하게'가 준 꼴로 '어떻게 먹는 거지?'와 같이 '방법'의 뜻으로 쓰인다. '썩이다'와 '썩히다'는 또 어떻게 다른가. '썩이다'는 '속을 썩이다'에만 한정해서 쓰는 동사다. 그 외에는 '쌀을 썩히다', '재주를 썩히다'와 같이 모두 '썩히다'를 쓴다.

'교통사고가 많은 곳'이라고 적힌 팻말을 본 적이 있다. 이 팻말의 '많은 곳'은 잘못이다. 교통사고가 '자주 발생한다'는 뜻의 '잦은 곳'이라고 써야 옳다. 같은 이유로 '한때는 많이 만났다'도 잘못이다. '한때는 자주 만났다'가 옳다.

우리말에서 수나 양, 크기 등을 재는 말로는 '많다'와 '적다', '크다'와 '작다', '높다'와 '낮다', '붇다'와 '줄다' 등이 있다. 이런 말도 내용에 맞게 가려 쓸 줄 알아야 한다.

가령 '도시의 인구밀도가 많다'에서 '밀도(密度)'는 '빽빽한 정도'를 뜻하므로 수를 세는 '많다'와 결합할 수 없다. 인구밀도는 '높다' 혹은 '낮다'라고 쓴다.

'수입 품목 중 원유가 차지하는 비중이 그만큼 높다는 것을 뜻한다'라는 문장에서도 '높다'를 잘못 썼다. 물론 '비중이 많다'라고 써도 잘못이긴 매한가지다. '다른 것과 비교해서 차지하는 중요도'나 '어떤 물질의 질량과 그것과 같은 체적의 표준물 질량과의 비(比)'를 뜻하는 '비중(比重)'은 '크다' 혹은 '작다'라는 말과 결합할 수 있으므로 '비중이 크다'라고 써야 한다.

어떤 일이 일어날 수 있는 확률은 '높거나 낮고', 경제적 부담은 '크거나 작다'. 국가의 힘을 뜻하는 '국력'도 '크거나 작은' 것이고, 어떤 일의 정도를 뜻하는 '호응도'는 '높거나 낮다'이다.

'골프에 대한 사회의 인식도가 여전히 좋지 않다'라고 쓴 문장에서도 '인식도'에 '좋지 않다'를 연결해서 쓴 것이 잘못이다. 물론 '인식이 좋지 않다'라고 쓰는 건 무방하다. 또 '근무시간을 하루 여덟 시간에서 일곱 시간으로 축소하였다'에서는 '축소' 대신 '단축'을 써야 한다.

꼭 만나야 하는 짝지

부사어는 문장 안에서 다른 부사어나 서술어와 호응한다. 그런데 우리말의 부사어 중에는 특정 서술어하고만 호응하는 단어가 많다. 부사어 자체가 뜻을 갖고 있기 때문이다. 예컨대 '왜냐하면'은 '이유'의 뜻을 가졌으므로 '~하기 때문이다'라는 서술어와 호응한다. '다만'은 '제한'의 뜻을 갖고 있으므로 '~할 뿐이다'라는 서술어와 호응한다. '왜냐하면'이나 '다만'이라는 부사어에 '~한다'라는 서술어는 어울리지 않는다.

'나는 지금 여간 바쁘다'와 '나는 가진 돈이 별로 많다'와 같은 문장도 옳지 않다. '여간'이나 '별로'처럼 어떤 것이 다소 부족한 상태를 뜻하는 말에는 '아니다', '없다', '않다'와 같이 부정의 뜻을 가진 서술어를 이어 써야 하기 때문이다.

'결코', '절대로', '전혀', '그렇다고 해서', '~건만' 등도

'아니하다', '못하다', '아니다'와 같이 부정의 뜻을 가진 서술어와 연결된다. '오로지', '오직', '다만', '단지', '애오라지' 등은 행위나 상태가 일정한 범주 안에 '제한'된다는 뜻을 지닌 말이므로 '~을(ㄹ) 뿐이다'라는 서술어를 써야 한다.

'오죽 답답했으면 그렇게 심한 말을 했다'라는 문장은 어떤가. '오죽'은 미래시제나 의문형어미 '~냐?', '~랴?'와 호응하는 부사어로 '얼마나'의 뜻을 갖고 있다. '오로지'와 같은 뜻을 가진 '오직'과는 쓰임이 다르다는 걸 알아야 한다. '오죽 답답했으면 그렇게 심한 말을 했을까/했으랴/했겠느냐?'라고 쓰자.

'~더라도', '~다손 치더라도'는 '아무리'라는 부사와 결합하여 양보구문에 쓰는 어미이므로 '~(에)야 한다'와 같이 '당위'를 나타내는 말이나 '~ 아니다', '~ 없다' 등의 부정어와 호응한다.

'어쩌면'은 '추측'의 뜻을 가진 부사로 '~ 모른다'와 호응하므로 '어쩌면 그는 지금 자고 있다'라고 쓰는 건 잘못이다. '어쩌면 그는 지금 자고 있을지도 모른다'라고 써야 한다.

'모름지기'는 '마땅히' 혹은 '반드시'의 뜻을 가진 부사이므로 '~해야 한다'와 같이 '당위'를 나타내는 서술어하고만 호응한다. 그러므로 예컨대, '대학생은 모름지기 학문탐구에 열중한다'라고 쓰면 안 된다는 말이다.

'하물며'는 '그 위에', '더구나', '게다가'의 뜻을 가진 말로 '~는가', '~으랴', '~하랴', '~하겠는가', '있겠는가' 따위의 의문형 종결어미와 호응하므로 '하물며 그러고 싶지 않았겠는가'와 같이 쓴다.

부사 '여간'은 '보통으로', '어지간히'의 뜻을 가졌기 때문에 '아니다', '않다' 등 부정의 뜻을 가진 서술어와 호응한다. '여간 잘 하는 것이 아니다', '여간 어려운 일이 아니다'와 같이 쓴다.

'차마'는 '애틋하고 안타까운 마음을 억누를 수가 없어서'의 뜻으로 '차마 눈뜨고 볼 수 없었다', '차마 그곳으로 가지 않을 수 없었다', '차마 거절하기가 어려웠다'와 같이 주로 '~할 수 없었다'라는 부정 서술어와 어울린다.

'비록'은 주어진 조건을 인정하면서 더 나은 상황이 이어질 때 쓰는 말로 '~일지라도', '~만', '~하더라도' 등과 호응한다. '네가 비록 어리기 때문에'라고 쓰는 건 잘못이다. '네가 비록 어리지만/어릴지라도/어리다 하더라도'라고 쓴다.

'어떻게'는 '선택'의 뜻을 가졌다. 그러므로 '네가 어떻게 살아왔다는 걸 짐작할 수 있다'라고 쓰면 안 된다. '네가 어떻게 살아왔는지를/살아왔는가를 짐작할 수 있다'라고 써야 한다.

'별로'는 '그다지'의 뜻을 가진 말로 '~하지 않았다', '~할 수 없었다' 등과 호응한다. '별로 많았다', '별로 크다'와 같은 말은 옳지 않다. '별로 많지 않았다', '별로 크지 않다'라고 쓴다.

'마땅히'는 '당연히'와 같이 당위성을 뜻하는 말이므로 '~(어)야 한다', '~해야만 한다' 등과 호응한다. 예를 들어 '학생은 마땅히 공부를 한다'에는 당위의 뜻이 약하다. 이 경우에는 '학생은 마땅히 공부를 해야 한다'라고 써야 한다.

'아마'는 확실히 단정할 수는 없으나 어느 정도 개연성이 있는 말 앞에서 '거의', '대개'의 뜻으로 쓰이므로 '추측'의 뜻을 가진 '~ 거야', '~ 것이다' 등과 호응한다. 그러므로 '아마 하나도 없다', '아마 오지 않는다'는 안 된다. '아마 하나도 없을 것이다', '아마 오지 않을지도 모른다'와 같이 써야 한다.

'자칫'은 '잘못하면 큰일이 생길 뻔했다'와 같이 어떤 일이 조금 어긋남을 가리킬 때 쓰는 말이다. '자칫 큰일을 저질렀다', '자칫 죽을 것이다'와 같은 구절은 성립되지 않는다. '자칫 큰일을 저지를지도 모른다', '자칫 죽을지도 모르겠다'와 같이 쓴다.

'아무쪼록'은 '아무쪼록 건강하시기 바랍니다'와 같이 '될 수 있으면', '모쪼록', '부디' 등의 뜻을 가졌으므로 '~하기 바란다', '~했으면 좋겠다', '~ 것이(게) 좋겠다'와 같은 서술어와 호응한다. '아무쪼록 서로 사랑하기 바란다/사랑했으면 좋겠다/사랑하는 게 좋겠다'와 같이 쓰도록 한다.

'마치'는 '마치 천사 같다'와 같이 '거의 비슷하게'의 뜻을 가진 말이므로 '같다', '~처럼 보인다'와 어울린다. '마치 한 마리 학과 같았다'라고 쓴다.

'당연히'는 '마땅히', '응당', '반드시' 등과 뜻이 같다. '~해야 한다'와 같은 서술어와 호응한다. '법을 함부로 어긴 공직자는 당연히 처벌을 받아야 한다'라고 쓴다.

'다만'은 '오로지', '단지' 등의 뜻을 가진 말로 '~할 뿐이다', '~하면 그만이다' 등과 어울린다. '다만 미래에 대비하면 그만이다', '다만 그를 기다릴 뿐이다'라고 쓰는 것이다.

부사어와 서술어의 호응관계는 우리말을 자유롭게 구사하는 사람이면 누구나 알고 있는 것들이다. 문장을 쓸 때는 주어와 서술어의 호응관계에 유의해야 하는 것과 같이 부사어와 서술어도 서로 잘 어울리는지 반드시 고려해야 한다.

어디서 무엇을 어떻게

세상에서 가장 한가한 이는 바로 평일에 낚시질하는 사람이라는 우스갯소리가 있다. 아닌 게 아니라 고스톱과 더불어 '시간 죽이는' 데는 낚시만한 게 없다고 힘주어 강조하는 사람들도 더러 있다.

그렇다면 평일에 낚시하는 이보다 더 한가한 사람은 누구일까. 그 옆에 쭈그리고 앉아서 구경하는 사람일 것이다. 낚시하는 이야 운이 좋으면 손맛도 보고 고기도 잡을 수 있지만 구경하는 사람은 그마저도 기대할 수 없기 때문이다.

마땅히 갈 곳도 할 일도 없으면서 거리를 나서다 보면 쓸데없이 이곳저곳을 기웃거리느라 걸음도 느릿느릿해진다. 그러다가 급기야는 낚시질하는 데까지 가게 되는 것이다. 이처럼 목적 없이 하루를 보내는 이의 마음은 헛헛하기 이를 데 없다.

문장도 마찬가지다. 문장에도 '목적어'라는 게 있다. '나는 낚시질을 좋아한다'의 목적어는 '낚시질을'이다. '그는 지금 서울로 가고 있다'에서는 '서울로'가 목적어다.

이 목적어를 함부로 생략하는 바람에 문장의 뜻이 불분명해지는 경우가 종종 있다. '나는 읽어서 알았다'라는 문장을 보자. 목적어가 빠졌기 때문에 '나'가 무엇을 읽어서 어떤 사실을 알았다는 건지 읽는 이는 이해하기 어렵다. '나는 책을 읽어서 그걸/새로운 사실을/그 분의 숭고한 뜻을 알았다'와 같이 목적어를 분명히 밝혀야 한다.

'나는 어제 하루 종일 있었다'라고 쓴 문장도 마찬가지다. 이 문장만으로는 '나'가 어제 하루 종일 있었던 곳이 어딘지 역시 읽는 이는 알 수 없다. '배가 고파서 근처의 중국집에서 시켜 먹었다'라고 쓴 것도 마찬가지다. '배가 고파서 근처의 중국집에 들어가 짬뽕을 시켜 먹었다' 혹은 '시켜 먹었다'를 빼고 '배가 고파서 근처의 중국집에 들어갔다'라고 써야 한다는 말이다.

'어릴 적부터 학원과 과외수업에 익숙해졌기 때문에 요즘 대학생들은 잃어가고 있다'라는 문장에도 목적어가 보이지 않는다. '잃어가고' 앞에 '스스로 학습할 수 있는 능력을' 같은 말을 넣어야 완전한 문장이 된다.

'청소년들은 원대한 꿈을 갖고 이루기 위해서 부단히 노력해야 한다'에서는 물론 생략된 목적어를 쉽게 짐작할 수 있다. 그렇다고 이게 올바른 문장이라는 건 아니다. 사실 예문은 두 개의 문장을 이어 쓴 꼴이다. '청소년들은 원대한 꿈을 가져야 한다'와 '청소년들은 이루기 위해서 부단히 노력해야 한다'가 그것인데, 두 번째 문장의 경우는 '무엇을' 이루기 위해 부단히 노력해야 한다는 말인지 알기 어렵다. 앞 문장의 '꿈을'을 목적어로 쓰면 같은 말이 반복되므로 지시어를 명확하게 밝혀서, '청소년들은 원대한 꿈을 갖고 이를/그것을 이루기 위해서 부단히 노력해야 한다'라고 써야 한다.

강을 건널 때는 배를 타거나 헤엄을 쳐야 하고, 산에 오르려면 자동차를 이용하거나 걸어야 한다. 문장에서도 목적어를 분명히 적었으면 그와 잘 호응되는 서술어를 연결해야 한다.

'부모들은 자식이 건강하게 자라는 모습에서 많은 기쁨을 생긴다'라는 문장에서는 '기쁨을'이라는 목적어를 분명하게 밝혀 썼다. 문제는 서술어인 '생긴다'와 조화를 이루지 못한다는 데 있다. 서술어 '생긴다'를 '얻는다'와 같은 말로 바꿔 쓰면 자연스러워진다.

'세월이 흘렀어도 정주영은 한국 경제와 여전히 깊은 관련이 맺고 있다'는 또 어떤가. '맺고 있다'의 '맺다'는 타동사다. 당연히 목적어와 호응한다. 이 문장의 목적어는 '관련'이다. 그런데 그 뒤에 붙은 조사는 주어를 만드는 조사 '~이'다. 이 문장을 자연스럽게 읽을 수 없는 것도 그래서다. '~관련을 맺고 있다'라고 써야 한다.

'우리 대학과 그쪽 대학은 자매결연을 체결되었다'라는 문장을 보자. 서술어인 '체결되어 있다'의 '체결하다'는 타동사이므로 목적어와 호응한다. '자매결연을 체결했다'라고 쓰면 아무 잘못도 없다는 말이다. 그런데 동사의 어간 '체결~'에 '~되어'가 붙음으로써 이 말이 자동사가 되었다. 그래서 '자매결연을 체결되었다'가 자연스럽지 않은 것이다.

'지친 남편에게 따뜻하게 위로했다'라고 쓴 구절의 경우는 '남편에게'의 '~에게'와 '위로했다'의 연결이 잘못되었다. '남편에게 따뜻한 위로를 주었다'라고 쓰면 어법상으로는 문제가 없다. 그런데 '위로를 주었다'가 좀 어색하다. '선물을 주다'와 같이 주는 것이 사물인 경우는 무방하다. 그런데 '위로'는 사물이 아니다. 목적어인 '남편'에 조사 '~을'을 덧대서 '지친 남편을 따뜻하게 위로했다'라고 고쳐 써야 한다.

'일제는 전봉준에게 협력하면 일본으로 망명시켜 후일을 도모하게 해주겠다고 유혹했다'라고 쓴 문장은 좀 복잡하다. 이건 어느 일간신문의 칼럼에서 가져 온 문장인데, 읽는 이의 입장에서는 그 뜻을 선뜻 이해하기 어렵다. '일제는 전봉준에게 협력하면'이라는 부분을 읽다 보면 협력을 받는 사람이 '전봉준'인 듯하다. 그러다 보니 '일제'가 유혹한 사람이 '전봉준'이 아니라 제삼자이고, 일제와 전봉준이 한 패거리라도 되는 것처럼 보이기 십상이다. '일제는 자기네에게 협력해 주면 일본으로 망명시켜 후일을 도모하게 해주겠다고 전봉준을 유혹했다'라고 목적어의 위치를 바꿔 써야 뜻이 분명해진다.

참신한 단어 세련된 문장

 '입성이 날개'라는 말도 있지만 사람은 그가 쓰는 말에 따라 품격도 달라진다. 평소 거친 말을 입에 달고 사는 이는 생각과 행동도 그럴 거라고 보면 거의 틀림없다.

 문장을 쓸 때도 어떤 단어를 골라 썼느냐에 따라 읽는 이에게 새롭고 참신한 느낌을 주기도 하고 그렇지 못하기도 한다. 그래서 우리가 글쓰기를 어렵게 생각하는지도 모른다.

점잖게 상스럽지 않게

 '말은 그 사람 자체'라고 했다. 가령 '잘 생긴 사람'이나 '인물이 좋은 친구'와 같이 쓰는 건 가장 평범한 표현이다. 손윗 사람에게는 '잘 생기신 분'이나 '신수가 훤하신 어른'이라고 말할 수도 있다.

그런데 '잘 생긴 자식'이나 '잘 생긴 놈'이라고 말하는 데 익숙해진 이들도 있다. 더러는 '낯짝이 근사한 놈'이나 '세숫대야 하나는 끝내주는 새끼'라고도 한다. 평소 나쁜 감정이 있어서 그럴 수도 있지만, 말이든 글이든 가려 쓸 줄 알아야 '괜찮은' 사람으로 대접받는다.

문장도 마찬가지다. '기분이 아주 좋지 않았다'라고 쓰면 좋을 걸 '기분이 팍 상했다'라거나 '기분이 졸라 나빴다'라고 쓰면 읽는 이는 글쓴이에게 어떤 느낌을 갖겠는가.

예로부터 문장은 품격을 대단히 중시했는데, 그건 어떤 단어를 골라 썼느냐에 따라 주로 결정된다.

'여기서 때려치우면 말짱 도루묵이니까'라고 쓴 구절을 보자. '때려치우면'은 '그만두면'이나 '중단하면'의 뜻을 가진 비속어이므로 문장에서는 쓰지 말아야 한다. '말짱'은 '속속들이 모두'의 뜻으로 쓰는 부사다. '도루묵'도 적합하지 않기는 마찬가지다. '여기서 그만두면/중단하면 아무 소용 없으니까'라고 쓴 것과 비교해 보라.

'실내장식은 그런대로 봐 줄 만했는데 음식맛은 영 아니었다'라고 쓴 문장은 어떤가. '그런대로 봐 줄 만했는데'는 부분 긍정의 뜻이 담긴 말로 일상 대화에서나 쓰는 표현이다. '무난해 보였는데', '마음에 들었는데', '좋아 보였는데'와 같이 쓴다. '영 아니었다'도 문장에는 어울리지 않는다. '실내장식은 마음에 들었는데 음식맛은 별로 좋지 않았다'라고 쓰자.

'그런 개망나니 같은 인간은 얻어터져도 싸다'라는 문장은 또 어떤가. '개망나니'는 '예의에 몹시 어긋나는 행동을 하거나 성질이 아주 못된 사람'을 낮춰 부르는 말로 문장에는 적합하지 않다. '인간' 역시 '사람'을 낮춰 부르는 뜻으로 썼다. '얻어터져도'는 말하듯이 쓰는 표현이다. '싸다'는 '비싸다'의 반대말인데 이 문장에서는 '그럴만하다', '당연하다'라는 뜻의 비속어로 쓰였다.

'학교에서 꼰대한테 쿠사리를 먹는 바람에 기분이 졸라 나빴다'라고 쓴 문장은 어떻게 이해해야 할까. '꼰대'는 '우두머리'를 뜻하는 비속어다. 이 경우는 '담임선생님' 대신 쓴 말인데, 어떤 아이들은 '담탱이'라고 부르기도 한다지만 역시 옳지 않다. '쿠사리'는 '잔소리', '꾸중'으로 바꿔 쓸 수 있다. '졸라' 역시 요즘 아이들이 흔히들 입에 달고 사는 말이다.

'고등학교 때는 우등생이었다더니만 직접 까봤더니 말짱 꽝이었다'에서도 '~이었다더니만'과 '~이었다더니'를 비교해 보라. '까봤더니'도 '알아봤더니'라고 쓰는 게 좋다. '말짱꽝이었다'는 비속의 정도가 더 심하다. 이건 '순전히 거짓말이었다'라고 고쳐 쓸 수도 있는데, 그보다는 '사실과 크게 달랐다'가 글에는 더 적합하다. '고등학교 때는 우등생이었다고 해서 직접 알아봤더니 사실과 크게 달랐다'라고 써야 한다.

'입사시험에서 열 번 넘게 미역국 먹은 놈들의 복장 터지는 지랄 같은 기분을 합격한 새끼들은 이해하지 못할 것이다'와 같은 문장은 더 심각하다. '미역국 먹은'은 '합격하지 못한'이나 '떨어진'이라고 고쳐 쓴다. 앞서도 지적한 바와 같이 '놈들'의 '놈'이나 '새끼', '자식'과 같은 말은 문장뿐 아니라 일상생활에서도 쓰지 말아야 한다. '복장 터지는 지랄 같은 기분'은 '좌절감을' 혹은 '깊은 실망감을'이라는 정도로 바꿔 쓰는 것이 좋겠다.

'우동'과 '가락국수'의 차이는? 우동은 일본말이고 가락국수는 순우리말이다. 또 있다. 우동은 '와리바시'로 먹고 가락국수는 '젓가락'으로 먹는다. '집'과 '하우스(house)'는 어떻게 다른가. '집'은 가족이 살아가는 공간이고, '하우스'는 가족 아닌 사람들이 모여서 도박판을 벌이는 곳이다. 우리 문장을 쓸 때는 어려운 한자어나 외래어를 삼가자는 뜻으로 빗댄 우스갯소리다.

'어제는 와이프하고 야끼만두를 먹은 연후에 영화를 한 편 때렸더니 기분이 아주 죽여줬다'라고 쓴 문장에는 영어, 일본어, 한자어에 비속어까지 뒤섞여 있다. '와이프(wife)'는 '아내'라고 쓴다. 일본어 '야끼만두'보다 우리말 '군만두'가 더 좋다. 그리고 '연후(然後)'는 '그런 다음'의 뜻을 가진 한자어다. '때렸더니'도 여기서는 '보았더니'라고 쓴다. '죽여줬다'도 비속어다. '끝내줬다'라고 써도 매한가지다. '어제는 아내와 함께 군만두를 먹고 영화를 한 편 보았더니 기분이 아주 좋았다'라고 쓴다고 해서 문장의 품격이 떨어지는 건 아니다.

'삼풍백화점 붕괴사고는 설계 단계부터 시발되었다'를 보자. '시발(始發)'은 '시발점', '시발역'과 같이 '맨 처음 떠나는 것'을 가리키는 한자말이다. '하다'를 붙여서 '어떤 일이 처음 일어나다'라는 뜻의 동사로도 쓴다. 그런데 이 말은 우리나라 사람들이 자주 쓰는 욕설의 하나처럼 들려서 어감이 좋지 않다. 한자말이기는 하지만 우리말처럼 쓰이는 '시작'으로 고쳐 쓰자. '시발되었다' 대신 '문제가 있었다'를 쓸 수도 있다.

'입학조건을 갖출 시 비자를 발급한다'의 '시(時)'를 보자. 이는 특정한 시간을 뜻하는 한자말이다. 이런 말을 굳이 쓸 필요가 있을까. 더구나 이건 시간보다 '행위의 조건'에 초점을 둔 말이다. '입학조건을 갖추면/갖출 경우 비자를 발급한다'라고 써야 한다는 말이다.

'목전의 이익만 우선시하는 심히 이기적인 태도는 금해야 한다'와 같은 문장도 마찬가지다. '목전(目前)'을 우리말로 직역하면 '눈앞'이고, '우선시(優先視)'를 풀어 쓰면 '먼저 생각하다'이다. '심(深)히' 대신으로는 '매우'라는 순우리말이 있다. '금해야 한다'의 '금해야'는 한자어 '금(禁)'에 '하다'를 붙여서 동사로 사용하는 단어다. '버려야 한다'라고 쓴다.

연인처럼 때로는 친구처럼

서로를 깊이 사랑하는 연인(戀人)처럼 문장을 구성하는 단어 중에는 서로 가까이 있어야 하는 말들이 있다. 꾸미는 말과 꾸밈을 받는 말이 그것이다.

'아름다운 사람'에서 '아름다운'은 꾸미는 말이고 '사람'은 꾸밈을 받는 말이다. 꾸미는 말의 품사로는 동사(예: '먹는 사람'의 '먹는'), 형용사(예: '예쁜 여자'의 '예쁜'), 부사(예: '대단히 크다'의 '대단히')가 있다.

꾸미는 말과 꾸밈을 받는 말은 가급적 가까운 곳에 두어야 뜻을 정확하게 전달할 수 있다. 가령 '김연아는 제일 우리나라에서 피겨스케이팅을 잘 한다'라고 쓰면 부사 '제일'이 마치 '우리나라'를 꾸미는 것처럼 보인다. '김연아는 제일 잘 우리나라에서 피겨스케이팅을 한다'라고 써도 뜻은 물론 통한다. 하지만 '김연아는 우리나라에서 피겨스케이팅을 제일 잘 한다'라고 쓰는 것만 못하다.

'그는 하루빨리 이별의 상처에서 계속 벗어나려고 노력했다'에서 '하루빨리'는 '벗어나려고'를, '계속'은 '노력했다'를 꾸민다. '그는 이별의 상처에서 하루빨리 벗어나려고 계속 노력했다'라고 써야 한다.

'이제는 우리 모두 좀 더 빨리 활짝 웃을 수 있는 날이 왔으면 좋겠습니다'라는 문장의 부사 '좀'은 다른 부사인 '더'를, '더'는 '빨리'를 꾸미는 말이다. 이 세 단어의 위치는 잘 되어 있다. 문제는 '좀 더 빨리'가 놓인 자리다. 마치 '활짝 웃을'을 꾸미는 것처럼 보이기 때문이다. '이제는 우리 모두 활짝 웃을 수 있는 날이 좀 더 빨리 왔으면 좋겠습니다'라고 쓴다.

'취직을 하려면 완벽한 전공분야의 실무능력을 갖추어야 하지 않을까'는 좀 혼란스럽다. '완벽한 전공분야'라는 말 때문이다. 과연 어떤 '전공'이 '완벽'할 수 있을까. '완벽한'이

꾸미는 말은 '전공분야'가 아니라 '실무능력'이다. '완벽한'을 '실무능력' 바로 앞에 두어서, '취직을 하려면 전공분야의 완벽한 실무능력을 갖추어야 하지 않을까'라고 쓸 수 있다. 그런데 이렇게 써도 어딘지 어색하다. '완벽한'이 사실은 '갖추어라'를 꾸미는 말이기 때문이다. 그렇다고 이 둘을 붙여 놓으면 '완벽한 갖추어라'가 되어 어법상 맞지 않는다. 이럴 때는 '완벽한'을 부사 모양인 '완벽하게'로 바꾸어서, '취직을 하려면 전공분야의 실무능력을 완벽하게 갖추어야 하지 않을까'와 같이 써야 한다.

'경영자는 반드시 합리적으로 조직을 이끌어가는 능력을 터득해야 한다'라고 쓰면 더 복잡하다. 이 문장에서 '반드시'와 '합리적으로'는 각각 '터득해야'와 '이끌어가는'을 꾸미고 있다. 이 둘을 연결하면 '반드시 터득해야', '합리적으로 이끌어가는'이 된다. 예문의 경우 '이끌어가는 능력'을 제외하면 꾸미는 말과 꾸밈을 받는 말이 가깝지 않다는 것을 알 수 있다. '경영자는 조직을 합리적으로 이끌어가는 능력을 반드시 터득해야 한다'라고 쓴다.

참신하게 딱 들어맞게

'같은 값이면 다홍치마'라는 속담이 있다. 예쁜/보기 좋은 것이 그렇지 않은 것보다 나음을 뜻하는 말이다. 우리는 어떤 물건을 선택할 때 디자인을 매우 중요하게 생각한다. 집이든 자동차든 옷이든 책상이든 예외가 없다. 그래서 세련된 디자인이 돋보이는 제품은 비싼 값에 팔린다.

문장에도 디자인이 있다. 목걸이나 팔찌, 머리띠, 넥타이 등의 재료나 색상이 사람을 돋보이게 하듯 꾸밈말도 문장을 아름답게, 때로는 강렬하게, 또 때로는 담백하게 만들어서 전달하려는 뜻을 강화하고 글 읽는 맛도 더해준다.

'떡두꺼비 같은 아들'은 '달덩이 같은 딸'이나 '꽃처럼 예쁜 여자'처럼 우리 눈에 익숙해진 꾸밈말이다. 이런 표현을 '죽은 비유'라고 하는데, 쓰지 않는 게 차라리 낫다. 이에 비하면 '떡두꺼비 같은 딸'이나 '달덩이 같은 아들'은 좀 우스꽝스럽지만 적어도 새로운 맛은 있다.

'얼음장처럼 차가운 손'처럼 상투적인 표현에 비하면 '고드름처럼 꽁꽁 언 손'은 어떤가. '겨울방학이 시작되자 학생들이 썰물처럼 빠져나갔다'와 같이 밋밋한 문장보다 '겨울방학이 시작되자 가을에 떨어진 낙엽만 황량하게 흩날릴 뿐이었다'라고 쓰자는 말이다.

'황금처럼 소중하고 꽃처럼 아름다운 청춘을 헌신짝처럼 취급하고 있다'와 같은 문장은 또 어떤가. '황금처럼', '꽃처럼', '헌신짝처럼'이 모두 죽은 비유인 것도 문제지만 짧은 문장 안에 꾸밈말을 지나치게 많이 쓴 것도 잘못이다. 이렇게 쓰면 문장이 가벼워진다. '뼈를 깎는 듯한 인고의 세월을 견뎌낸 뒤 그는 비로소 성공이라는 달콤한 열매를 수확할 수 있었다'와 같은 문장도 좋지 않기는 매한가지다.

과장된 꾸밈말도 잘못이다. '나는 히딩크 감독이 떠오르는 태양처럼 찬란한 존재라고 생각했다'라는 문장을 보자. 히딩크 감독이 한때 국민들에게 큰 기쁨을 준 적은 있지만 '떠오르는 태양처럼 찬란한'이라는 말은 아무래도 좀 지나치다. 이런 식으로 쓰면 신뢰성이 떨어지게 된다. '나는 히딩크 감독이 대단히 위대해 보였다'라는 정도로 충분하다는 말이다.

'우리 모두 분연히 떨치고 일어나 조국의 캔버스 위에 그어진 태산 같은 삼팔선을 검정색 물감으로 모두 지워내자'와 같은 문장은 어지럽기까지 하다. 은유와 직유에 시각적 표현까지 마구 늘어놓았다. 이렇게 쓰면 본디 전하고자 하는 뜻은 약해지고 현란한 수사만 남게 된다. '우리 모두 조국통일을 이루는 데 앞장서자'라고 간명하게 쓰는 게 낫다.

'뱀처럼 예쁜 여자'와 같이 서로 어울리지 않는 꾸밈말도 잘못이다. 세상에는 뱀을 예쁘다고 생각하는 이들도 더러 있겠지만 그건 사람이 근원적으로 싫어하는 동물이다. 이처럼 지나치게 생소한 수식어는 읽는 이를 당황하게 한다. 전하려는 뜻을 왜곡시킬 수도 있다.

문장 안에서 사자성어(四字成語)와 같은 한자말을 인용하는 경우도 있다. 이때도 그 정확한 뜻을 알고 써야 한다. '현정이의 재치 있는 이야기를 듣고 학생들은 책상을 쾅쾅 두드리고 박수를 치며 일제히 침소봉대(針小棒大)를 했다'라고 쓴 문장을 보자. '침소봉대'는 '바늘만한 것을 몽둥이만하다고 하는 것'을 뜻하는 말로 사실을 과장할 때 쓴다. 이 문장에서는 학생들이 책상을 쾅쾅 두드리며 박수를 치는 걸 '침소봉대'라고 했으니 잘못이다. 이럴 때는 '손뼉을 치며 크게 웃는다'라는 뜻의 '박장대소(拍掌大笑)'를 써야 한다.

속담을 인용해서 쓸 때도 마찬가지다. '직장에 취직해서 월급을 받고는 있지만 그것도 대기업 직원에 비하면 엎친 데 덮친 격에 불과했다'를 보자. '엎친 데 덮친 격'은 '설상가상(雪上加霜)'과 비슷한 뜻을 가진 말로, 좋지 않은 일이 연속해서 일어날 때 쓴다. 그런데 이런 말을 쓴 전후 상황을 보면 '대단히 적다'라는 뜻이 들어 있다. 굳이 쓰려면 '새발의 피' 정도가 될 텐데 이 말도 과장의 정도가 심해서 바람직하지 않다. 이 문장은, '직장에 취직해서 월급을 받고는 있지만 그것도 대기업 직원에 비하면 턱없이 적었다'라고 평이하게 쓰는 쪽이 낫겠다.

자연스럽게 연결한 문장

 '구슬이 서 말이라도 꿰어야 보배'라고 했다. 문제는 어떻게 꿰느냐다. 구슬의 크기나 빛깔을 적절히 조화시켜서 꿰어야지 그렇지 않으면 '보배'가 될 수 없기 때문이다.

 문장을 쓰다 보면 단어를 열거할 때가 있다. 어구나 어절뿐 아니라 문장을 이어 쓰는 경우도 적지 않다. 이때도 '보배'처럼 매끄럽게 연결하는 것이 매우 중요하다.

바람 불고 물 흐르듯

 '나는 떡볶이와 순대를 좋아한다'라는 문장을 보자. 이건 '나는 떡볶이를 좋아한다'와 '나는 순대를 좋아한다'를 연결한 꼴이다. '나는'과 '좋아한다'를 반복하지 않으려고 이어 쓴 것이다.

그런데 '나'가 떡볶이는 좋아하는데 순대는 좋아하지 않는다면 '나는 떡볶이는 좋아하지만 순대는 싫어한다'라고 써야 한다. 서술어가 달라져야 한다는 말이다. 순대를 좋아하는 사람이 '나' 아닌 '형'이라면 '나는 떡볶이를 좋아하고, 형은 순대를 좋아한다'라고 주어를 달리해서 써야 한다.

문장에서 단어, 어구, 어절을 이어 쓸 때는 그 관계를 반드시 고려해야 한다. 주어와 서술어가 내용상 호응을 이루는지, 서로의 관계가 대등한지 종속적인지도 반드시 검토해서 이어 써야 한다.

'그는 골프, 등산, 수영, 레저스포츠에 관심이 많다'라는 문장에는 '골프', '등산', '수영', '레저스포츠'가 대등하게 연결되어 있다. 그런데 '골프', '등산', '수영'은 대등한 관계지만 '레저스포츠'는 앞의 세 종목을 포괄하는 개념이다. 그러므로 '그는 골프, 등산, 수영과 같은 레저스포츠에 관심이 많다'라고 고쳐 써야 한다.

'편지를 쓰고 받았다'는 어떤가. 여기서는 '쓰고 받았다'가 잘못이다. 이건 물론 '쓰다'와 '받다'를 연결해서 쓴 모양이다. 그런데 '쓰다'의 반대는 '읽다'이고, '받다'의 반대말은 '주다'이다. 이 구절이 '편지 왕래'의 뜻을 갖고 있다는 점을 감안하면 '주고받았다'로 바꿔 써야 한다.

'문자메시지를 보내고 읽었다'라고 쓰는 건 또 어떤가. 이건 '문자메시지를 보냈다'와 '문자메시지를 읽었다'를 연결한 꼴이다. 그런데 각 구절의 서술어인 '보냈다'와 '읽었다'를 나란히 이어 쓴 것이 잘못이다. 문자메시지로 누군가와 지속적으로 소통하는 것을 일컫는 말은 '주고받다'이므로 '주고받았다'라고 고쳐 쓴다.

'우리는 프랑스를, 스위스를, 이탈리아를 여행했다'라는 문장을 보자. '프랑스', '스위스', '이탈리아'에 조사 '~를'을 붙였으면 반점(,)은 쓰지 말아야 한다. 또 예문의 경우는 같은 모양의 어구를 반복하는 바람에 문장의 리듬이 단조로워졌다. 약간의 변화만 주어도 문장에 변화가 생긴다. '우리는 프랑스와 스위스를 거쳐 이탈리아를 여행했다'라고 쓴다.

'아이들의 나약함과 자신감을 키워주어야 한다'라는 구절은 '아이들의 나약함을 키워주어야 한다'와 '아이들의 자신감을 키워주어야 한다'를 연결한 꼴이다. 그런데 '나약함을 키워준다'라는 말은 납득하기 어렵다. '자신감을 키워준다'에는 '나약함을 버리다'라는 뜻이 들어 있다. 그러므로 '아이들이 나약해지지 않도록 자신감을 키워주어야 한다'라고 고쳐 써야 한다.

'적성이나 의무감이 없는 직업'이라는 구절은 '적성이 없는 직업'과 '의무감이 없는 직업'을 연결한 모양이다. 그런데 '의무감이 없는'과는 달리 '적성이 없는'은 적절하지 않다. 누구나 한 가지 이상의 적성은 갖고 있기 때문이다. '적성'과 호응할 수 있는 서술어를 넣어서 '적성에 맞지 않거나 의무감이 없는 직업'이라고 바로잡아야 한다.

'지속적인 노력과 실력을 연마해 주시기 바랍니다'라고 쓴 구절은 또 어떤가. 이 구절의 문제점은 '지속적인 관심과 성원을 보내 주십시오'와 비교해 보면 쉽게 찾을 수 있다. 이건 '지속적인 관심을 보내 주십시오'와 '지속적인 성원을 보내 주십시오'를 연결한 모양인데 둘 모두 자연스럽다. 이와 달리 예문은 '지속적인 노력을 연마해 주시기 바랍니다'와 '지속적인 실력을 연마해 주시기 바랍니다' 모두 어색하다. 예문은 '지속적으로 노력해서 실력을 연마해 주시기 바랍니다'라고 써야 할 것 같은데, 자세히 보면 그래도 잘못이 있다. 바로 '연마' 때문이다. '연마'는 본디 '돌이나 쇠붙이, 보석, 유리 따위의 고체를 갈고 닦아서 표면을 반질반질하게 함'을 뜻하는 한자말인데, 비유적으로는 '학문이나 기술 따위를 힘써 배우고 닦음'의 뜻으로 쓰인다. '연마'와 '노력'의 뜻이 같다는 말이다. '지속적으로 노력해서 실력을 키워/향상시켜 주시기 바랍니다'라고 쓴 것과 비교해 보자.

'김소월과 현진건은 소설가와 시인이다'는 무엇이 잘못인가. 잘 알려진 바와 같이 김소월은 시인이고 현진건은 소설가다. 그런데 예문과 같이 쓰면 잘 모르는 이는 김소월이 소설가이고 현진건이 시인인 것으로 착각하기 쉽다. 단어를 열거할 때는 순서에도 유의해야 한다. '김소월과 현진건은 시인과 소설가이다'라고 써야 한다는 말이다.

'신입사원의 업무능력 향상과 구조개혁을 지속적으로 추진해야 한다'라는 문장은 '신입사원의 업무능력 향상을 지속적으로 추진해야 한다'와 '구조개혁을 지속적으로 추진해야 한다'라는 두 개의 구절을 연결한 모양이다. 그런데 앞 구절은 목적어와 서술어가 자연스럽게 호응되지 않는다. '신입사원의 업무능력'은 '향상시키는' 것이지 '신입사원의 업무능력 향상을 지속적으로 추진하는' 것이 아니기 때문이다. '신입사원의 업무능력을 향상시키고 구조개혁을 지속적으로 추진해야 한다'와 같이 고쳐 쓰고 예문과 비교해 보자.

'이기적 행동은 타인의 기회 박탈과 사회에 해악을 끼친다'라는 문장은 '이기적 행동은 타인의 기회 박탈을 끼친다'와 '이기적 행동은 사회에 해악을 끼친다'라는 두 어절을 결합한 꼴이다. 뒤의 어절과 달리 앞의 것은 내용상 대단히 어색하다. 더구나 '타인의 기회 박탈'은 '사회에 해악을 끼치'는 원인이므로 이 둘은 대등하게 연결하지 말아야 한다. '이기적 행동은 타인의 기회를 박탈함으로써 사회에 해악을 끼친다'라고 써야 한다.

'어머니는 집안에서 언제나 사랑과, 가족의 중재자 및 위안자의 역할을 한다'는 대단히 서툰 솜씨로 쓴 문장이다. 이 문장에는 '어머니는 사랑의 역할을 한다'와 '어머니는 가족의 중재자 및 위안자 역할을 한다'라는 두 가지 뜻이 들어 있다. 뒤의 어절은 문제가 없다. 하지만 앞의 것은 다르다. '사랑'과 '중재자 및 위안자'를 대등하게 연결했기 때문이다. '어머니는 사랑을 주고, 가족의 중재자 및 위안자 역할을 한다'라고 써도 어색해 보인다. 예문은, 어머니는 이러저런 역할로 가족에게 사랑을 실천하고 있다는 뜻을 갖고 있으므로 '어머니는 가족의 중재자와 위안자 역할을 함으로써 가족에게 사랑을 실천한다'라고 쓴다.

그러니까 그렇기는 해도

글은 여러 문장의 결합으로 완성된다. 연결어는 각각의 문장을 자연스럽게 이어주는 일종의 연결고리인 셈인데 그 대표적인 것이 바로 접속부사다.

접속부사를 쓸 때 특히 주의해야 할 점은 바로 앞 문장의 뜻을 '자연스럽게' 이어줄 수 있어야 한다는 것이다. 그렇지 않으면 문장의 뜻을 이해하는 데 혼란을 불러서 쓰지 않은 것만 못한 결과를 얻을 수도 있다. '나는 너를 사랑하지 않아. 하지만 헤어지자는 거야.'라고 쓰지 말고 '그러니까/그래서/그렇기 때문에 헤어지자는 거야'라고 써야 한다는 말이다.

우리말의 접속부사는 모양에 따라 그 쓰임이 명확히 구분된다. 예컨대 '그리고'는 앞 문장의 뜻을 다음 문장에 대등하게 연결해 주고, '그러므로'는 원인과 결과의 관계로 연결한다. 이밖에 흔히 쓰는 접속부사로는 '그러나', '그러니까', '그렇지만', '하지만', '그래도', '즉', '다만', '말하자면' 등이 있다. 좋은 글을 쓰려면 접속부사의 쓰임을 정확히 익혀야 한다.

'운전을 안전하게 하려면 교통신호를 지켜야 한다. 그러므로 안전띠도 반드시 매야 한다.'라는 문장을 보자. 접속부사 '그러므로'는 '그렇기 때문에', '그러니까', '그래서'와 같이 앞의 문장과 뒤의 문장을 원인과 결과의 관계로 이어주는 구실을 한다. 그런데 예문의 첫 번째 문장에서는 교통신호의 순기능을 설명해 놓고, 다음 문장에서는 큰 사고를 방지하기 위해 운전자가 지켜야 할 사항을 덧붙여 강조하고 있다. 두 문장이 원인과 결과의 관계가 아니라는 것이다. 그러므로 두 번째 문장 첫머리의 접속부사로는 '또한'이 적합하다.

'지금까지는 아는 것이 곧 힘이었다. 미래사회에서는 단순히 아는 것만으로는 큰 힘을 발휘할 수 없다. 그러므로 창조적 역량이 필요하다는 것이다'의 두 번째 문장 첫머리에는 접속부사가 생략되었다. 두 번째 문장에서는 첫 번째 문장의 내용을 받아들이는 가운데 새로운 문제점을 제기하고 있다. 예를 들어 '너는 얼굴이 참 잘 생겼는데 앞으로는 마음씨도 곱게 썼으면 좋겠다'라는 문장에 쓰인 '생겼는데'의 '~는데'는 접속부사 '그런데'를 사용한 것으로 볼 수 있다는 말이다. 예문의 두 번째 문장 첫머리에는 접속부사 '그런데'를 써야 한다. 세 번째 문장에 사용된 '그러므로'도 적절하지 않다. 왜냐하면 이건 두 번째 문장의 내용을 요약해서 궁극적으로 주장하는 바를 덧붙이고 있기 때문이다. 이럴 때는 '그러므로' 대신 '즉', '말하자면', '요컨대'와 같은 접속부사를 써야 한다.

'로봇은 입력된 정보에 따라 정확하게 판단하고 행동한다. 정확하게 판단하고 행동한다는 점에서 로봇은 인간보다 훨씬 우수한 능력을 가지고 있다. 로봇은 단순한 노동은 대단히 효율적으로 수행할 수 있다는 것이다. 머지않은 장래에 인간이 로봇의 노예가 될지도 모른다. 인간이 로봇의 노예가 되지 않으려면 어떻게 해야 하는가. 창의력이다. 창의력만이 로봇의 시대에 인간이 스스로를 지켜나갈 수 있는 유일한 수단일 것이다'와 같은 한 단락 분량의 문장을 읽어 보자.

위의 두 번째 문장에서는 첫 문장의 내용을 구체화하면서 작은 결론을 제시하고 있다. 그런데 두 번째 문장의 첫 부분에 보이는 '정확하게 판단하고 행동한다'가 첫 번째 문장 끝 부분과 똑같은 꼴로 반복되었다. '정확하게 판단하고 행동한다는 점에서'를 '그런 점에서'로 바꾼다. 세 번째 문장에서는 두 번째 문장의 내용을 부연해서 설명하고 있다. 그러므로 그 첫머리에 '즉'이나 '바꿔 말하면' 정도를 덧붙여 쓰는 것이 좋다. 네 번째 문장은 앞의 세 문장에서 설명한 내용에 따라 예상되는 결과를 설명하고 있다. 그러므로 '어쩌면'이나 '아마'와 같은 부사를 제시해 주는 것이 좋겠다. 다섯 번째 문장의 앞부분에 있는 '인간이 로봇의 노예가 되지 않으려면'은 앞 문장의 내용과 중복이므로 '그걸 막으려면'이나 '그걸 방지하기 위해서는' 정도로 고친다. '창의력이다'라고 하는 짧은 문장은 이 글의 핵심사항이다. 그걸 강조하기 위해서는 그 앞에 '바로'를 넣는 것이 요령이다. 그렇게 해서 예문을 다시 쓰면 다음과 같이 된다.

'로봇은 입력된 정보에 따라 정확하게 판단하고 행동한다. 그런 점에서 로봇은 인간보다 훨씬 우수한 능력을 가지고 있다. 즉, 로봇은 단순한 노동은 대단히 효율적으로 수행할 수 있다는 것이다. 어쩌면 머지않은 장래에 인간이 로봇의 노예가 될지도 모른다. 그걸 막으려면 어떻게 해야 하는가. 바로 창의력이다. 이것만이 로봇의 시대에 인간이 스스로를 지켜나갈 수 있는 유일한 수단일 것이다.'

그런데 접속부사를 일일이 밝혀 적는 것이 능사는 아니다. 소설과 같은 예술문의 경우는 오히려 접속부사를 과감하게 생략해서 쓰는 쪽이 효과를 더 낼 수도 있다. 다음을 보자.

'테레사는 밤 1시 반경 집에 왔다. 욕실에 들어가 파자마를 입고 토마스의 곁에 누웠다. 토마스는 잠들어 있었다. 그녀는 그의 얼굴 위로 몸을 기울였다. 그의 얼굴에 키스를 했다. 그녀는 그의 머리에서 이상한 냄새가 난다는 것을 확인했다. 그녀는 코를 실룩거리며 냄새를 몇 번이고 맡았다. 마치 개처럼 그녀는 그의 머리를 사방으로 킁킁거리며 냄새를 맡았다. 그녀는 알아냈다.'(밀란 쿤데라 『참을 수 없는 존재의 가벼움』 중에서)

예문은 모두 아홉 개의 문장으로 구성되어 있다. '테레사'라고 하는 인물이 집으로 돌아와서 벌이는 행동을 시간적 순서에 따라 묘사하고 있는데 그 문체가 매우 간결하다는 걸 한눈에 알 수 있다. 그런데 예문에는 문장과 문장을 이어주는 접속부사가 하나도 보이지 않는다. 그 대신 이걸 읽는 독자는 작가의 의도대로 인물의 행동 하나하나에 막힘없이 몰입할 수 있다. 이런 걸 '문체의 효과'라고 한다. 다음을 보자.

'테레사는 밤 1시 반경 집에 왔다. 그리고 욕실에 들어가 파자마를 입고 토마스의 곁에 누웠다. 그런데 토마스는 잠들어 있었다. 이윽고 그녀는 그의 얼굴 위로 몸을 기울였다. 그런 다음 그의 얼굴에 키스를 했다. 그제서야 그녀는 그의 머리에서 이상한 냄새가 난다는 것을 확인했다. 그래서 그녀는 코를 실룩거리며 냄새를 몇 번이고 맡았다. 마치 개처럼 그녀는 그의 머리를 사방으로 킁킁거리며 냄새를 맡았다. 결국 그녀는 알아냈다.'

접속부사를 모두 넣어서 쓴 위의 문장들은 읽는 이의 호흡을 느슨하게 만든다. 논리적인 글과는 달리 소설과 같은 예술문에서는 이처럼 연결어나 지시어를 과감하게 생략해서 쓰기도 한다는 점을 참고로 알아두자.

불을 때면 연기가 나고

애인의 '변심(變心)'은 참 황당하다. 자기하고 함께라면 지옥이라도 가겠다던 여자가 어느날 갑자기 다른 남자가 생겼으니 이제 헤어지자고, 예쁘게 보내달라고 하는 것이다.

아무리 황당하고 억울해도 우리네 삶에는 그런 면도 있다. 그런데 사실은 변심에도 다 이유가 있는 법이다. 불을 땠으니 연기가 나는 것과 같은 이치다. 불을 때지 않았으면 연기가 날 턱이 없다. 여기서 '불을 때다'가 원인이라면 '연기가 나다'는 결과다.

'일기를 꾸준히 쓰면 문장력이 좋아진다'에서 '일기를 꾸준히 쓰다'가 원인이고 '문장력이 좋아지다'가 결과인 것과 마찬가지다. 그렇다면 '일기를 꾸준히 쓰면 문장력이 떨어진다'는 어떤가. 이때도 '문장력이 떨어진다'를 결과로 볼 수 있는가. 문장의 모양으로야 그렇다고 할 수 있지만 내용상으로는 맞지 않는다. 그건 마치 '밥을 많이 먹으면 배가 고프다'라거나 '매를 맞으면 안 아프다'라고 하는 것과 같다.

'우리나라 대학생들이 학업을 소홀히 하는 것은 대학생 각자의 잘못이 아니라 교육환경에 문제가 있기 때문이다'라는 문장을 보자. 이에 따르면 대학생들이 학업을 소홀히 하는 것은 모두 잘못된 교육환경 때문이라는 건데 과연 그런지 의문이다. 그게 사실이라면 우리나라 대학생들은 순전히 교육환경 때문에 모두 학업을 소홀히 하고 있어야 한다. 그런데 똑같은 교육환경에서 공부를 했어도 많은 대학생들은 학업에 열과 성을 다하고 있다. '우리나라 대학생들이 학업을 소홀히 하는 것은 대학생 각자의 잘못도 있지만 근본적으로는 교육환경에도 문제가 있기 때문이다'라고 고쳐 써야 앞뒤가 맞는 문장이 된다.

'불교는 외래종교 중 가장 먼저 도입되었기 때문에 오늘날까지도 대중의 생활 속에 뿌리를 내리고 있다'라는 문장도 마찬가지다. 불교가 외래종교 중에서 우리나라에 가장 먼저 도입되었는지 여부는 차치하고라도 그것이 대중의 생활 속에 뿌리를 내리게 된 원인이라고 단정할 수 있는지는 의문이다. 불교가 도입된 지 천 년도 더 지나서 들어온 기독교가 오늘날 우리 생활 속에 불교보다 뿌리를 더 굳건히 내리고 있는 게 사실이기 때문이다. 이처럼 예문은 내용상 앞뒤가 맞지 않으므로 '불교가 오늘날까지 대중의 생활 속에 뿌리를 내리고 있는 원인 중 하나는 그것이 우리나라에 가장 먼저 도입된 외래 종교이기 때문일 것이다'라고 써야 한다.

'우리는 여행을 통해서 다양한 삶을 체험할 수 있다. 그러므로 닫힌 공간에서 이루어지는 모든 독서행위는 인격을 완성하는 데 전혀 도움이 되지 않는다'라는 문장을 가정해 보자. '다양한 삶을 체험'하는 것이 '인격을 완성하는 데' 도움이 되는 것은 사실이다. 하지만 그렇기 때문에 '독서'가 전혀 필요 없다고 주장하는 것은 옳지 않다. 독서야말로 인격 완성에 도움을 주는 간접체험 활동이기 때문이다. 두 번째 문장을 '닫힌 공간에서 이루어지는 모든 독서행위도 인격을 완성하는 데 크게 도움이 된다'라고 고쳐 써야 한다.

'방학 중 보충수업은 일부 학생들의 성적 향상에 도움을 줄 수 있으므로 모든 학생들을 이에 참가시켜야 한다'라는 문장은 어떤가. 이 문장에서는 방학 중 보충수업의 효과를 설명하고 있다. 그런데 보충수업은 '일부 학생들의 성적 향상에' 효과가 있을 뿐이다. '모든 학생들을' 보충수업에 참가시켜야 한다는 데 동의할 수 없는 이유도 여기에 있다. 대체로 '모든 학생들'과 같이 예외를 인정하지 않는 표현은 논리적 약점을 노출하기 쉬우므로 가급적이면 쓰지 않는 것이 좋다. '방학 중 보충수업은 일부 학생들의 성적 향상에 도움을 줄 수 있으므로 모든 학생들을 이에 참가시키는 건 바람직하지 않다'라고 써야 앞뒤의 내용이 잘 어울리는 문장이 된다.

'자본을 바탕으로 한 언론은 정론(正論)을 펼칠 수 없다. 따라서 언론사는 소유와 경영을 하나로 통합해야 한다. 언론도 이윤을 추구하는 기업이기 때문이다'라고 하는 문장에도 잘못이 있다. 첫 문장에서는 '정론'을 펼치는 것이 언론의 사명이자 본질이므로 그것을 가로막는 자본 추구는 경계해야 한다고 주장하고 있다. 거기까지는 좋았는데 두 번째 문장부터 문제다. '소유와 경영을 하나로 통합'해서는 정론을 펼칠 수 없다는 사실쯤은 대부분의 사람들이 잘 알고 있다. 게다가 언론사를 일반 회사와 같이 이윤을 추구하는 기업으로 간주하고 이를 인정하고 있지 않은가. 두 번째와 세 번째 문장을, '따라서 언론사는 소유와 경영을 철저히 분리해야 한다. 언론은 이윤을 추구하는 기업이 아니기 때문이다'라고 고쳐 써야 한다.

　'나태해지기 쉬운 때가 바로 방학이다. 왜냐하면 이 기간에 우리는 여행을 통해서 견문을 넓히거나 운동을 해서 심신을 단련할 수도 있기 때문이다'를 보자. 첫 번째 문장대로 방학이 '나태해지기 쉬운' 기간이라면 '왜냐하면'으로 연결된 다음 문장에서는 그 이유를 설명해야 할 것이다. 그런데 두 번째 문장에서는 방학의 이로움에 대해 서술하고 있다. 예문은 '나태해지기 쉬운 때가 바로 방학이다. 그러므로 이 기간에 우리는 여행을 통해서 견문을 넓히거나 운동을 해서 심신을 단련해야 한다'라고 쓰도록 한다.

　김소월의 시 '진달래꽃'은 '죽어도 아니 눈물 흘리오리다'로 끝난다. '죽어도'의 '죽음'은 '생명의 끝'을 뜻한다. 이 시의 '죽어도' 대신 쓸 수 있는 말로는 '무슨 일이 있어도' 정도일 것이다. 시쳇말로는 '목에 칼이 들어와도'가 있다. 이 시구의 '죽어도'는 화자의 강한 의지를 전달하려는 의도에서 쓴 일종의 과장법이다.

물론 '진달래꽃'처럼 읽는 이가 '과장법'임을 쉽게 이해할 수 있으면 문제가 없다. '그가 돌아올 가능성은 절대 없다'라는 구절을 보자. 이 구절의 '절대'는 '비교하거나 상대되어 맞설 만한 것이 없음'을 뜻하는 부사다. 경우에 따라서는 '예외를 인정하지 않음'을 뜻하기도 한다. '그'가 만약 죽고 없다면 '절대 없다'라고 단정할 수 있다. 그렇지 않으면 얘기가 달라진다. 지구상 어딘가에 '그'가 살아 있다면 '절대'는 적절하지 않다는 말이다.

'남녀가 평등한 시대가 왔다고들 하지만 사실 그건 실현 가능성이 하나도 없는 일이다'라고 단정짓는 것도 잘못이다. 이런 문장을 쓴 이는 남녀차별 행위로 마음의 상처를 크게 받았을 수도 있지만 그런 개인적 감정까지 읽는 이에게 강요하는 것은 바람직하지 않다. '~실현 가능성이 매우 희박한 일이다'라고 쓰는 것만 못하다.

'이번에 치러질 대통령 선거의 결과를 예측하는 것은 절대 불가능하다'라는 문장을 보면 과연 그런가 하는 의문부터 생긴다. '예측'조차 '절대' 불가능하다고 단정할 수는 없기 때문이다. 더구나 요즘에는 어떤 선거든 그 결과를 예측할 수 있는 다양한 시스템을 운영하고 있다. 선거의 판세가 아무리 박빙

이라 해도 예측까지 못할 것은 없다. '이번에 치러질 대통령 선거의 결과를 예측하는 것은 대단히 어렵다'라는 정도로 쓰면 되는 걸 예문처럼 극단적인 표현을 쓰는 바람에 신뢰성이 떨어지게 된 것이다.

'우리나라가 비약적으로 발전하게 된 가장 큰 원동력은 남다른 교육열이다'라는 문장은 또 어떤가. 이 역시 '가장 큰'이 문제다. 물론 한국인의 교육열이 국가 발전의 원동력이었다는 평가는 이제 보편화된 사실이다. 그렇다고 가장 크다고 단정할 수 있는지는 의문이다. 발전의 원동력은 그것 말고도 여러 가지가 있고, 또한 진정으로 가장 큰 원동력은 다른 어떤 요인일지도 모르기 때문이다. 이런 점을 감안해서 '~발전하게 된 가장 큰 원동력 중 하나는 남다른 교육열이다'라고 써도 문제는 남는다. '가장'은 '최고' 혹은 '1등'을 뜻하는데 여럿을 가리키는 것처럼 해석되기 때문이다.

물론, '아버지는 오늘의 내가 있기까지 가장 많은 영향을 주신 분이다'와 같이 쓰는 건 무방하다. 그건 어디까지나 경험에 바탕을 둔 자신만의 생각을 표현한 것이기 때문이다.

읽기 좋고 맛깔스러운 문장

'보기 좋은 떡이 맛도 좋다'는 말이 있다. 사람의 '입맛'과 '눈맛'을 강조한 속담이다. 두말할 것 없이 내용물은 똑같아도 생김새가 보기 좋은 쪽이 더 맛있어 보인다는 뜻이다.

문장도 예외가 아니다. 문법에 맞도록 쓰는 거야 당연히 중요하지만, 가급적이면 읽기 편하고 읽을수록 감칠맛이 더해지는 문장을 쓸 수 있도록 노력해야 한다.

덧붙이고 구부려 쓰고

조사는 체언에 붙어서 그 체언의 문법적 관계를 결정한다. '나는'과 '나를'의 문법적 역할이 다른 건 오로지 조사 '~는'

과 '~를'의 차이 때문이다.

조사와 비슷하게 쓰이는 것으로 '어미'가 있는데, 이는 형용사나 동사와 같은 용언 및 서술격조사가 활용하여 변하는 부분이다. '점잖으며', '점잖으니', '점잖지만'의 쓰임과 뜻이 다른 것도 어미 '~으며', '~으니', '~지만' 때문이다.

좋은 문장을 쓰려면 이 조사와 어미를 잘 활용할 줄 알아야 한다. '현경이는 진수를 사랑한다'와 '현경이는 진수만 사랑한다'라는 두 개의 문장을 가정해 보자. 이 둘은 조사 '~를'과 '~만'이 다를 뿐인데 그 뜻은 사뭇 다르다. 첫 번째 문장에는 현경이가 진수를 사랑한다는 일반적 사실이 담겨 있다. 두 번째 문장의 경우는 목적어로 '~를' 대신 '~만'을 씀으로써 그 뜻이 조금(혹은 대단히 크게) 달라졌다. 현경이가 사랑하는 사람이 진수 한 사람으로 제한되기 때문이다.

'회사에 들어와서 모른다'와 '회사에 들어와서도 모른다'는 또 어떤가. 앞의 것은 '들어왔기 때문에 모른다'라는 뜻이다. 예문대로라면 만약 회사에 들어오지 않았다면 알았을 거라는 뜻이 된다. 뒤의 것은 회사에 들어오기 전에도 몰랐는데 회사에 들어온 후에도 모른다는 뜻이다. 조사 '~도' 하나가 있고 없음에 따라 전하려는 뜻이 크게 달라진 것이다.

'시청 광장에 열린 촛불문화제'의 조사 '~에'와 '~에서'는 쓰임이 다르다. '~에'는 '장소', '때', '진행 방향', '원인', '동작이나 행동의 영향을 입은 대상', '행동이나 상태가 이루어지는 데 필요한 간접적인 대상'을 가리키는 부사격조사다. '~에서'는 '행동이나 상태가 일어나고 있는 장소', '행동의 출발점'을 나타낸다. 그러므로 '시청 광장에서 열린 촛불문화제'라고 고쳐 써야 한다.

주어를 만드는 조사 '~은/는'과 '~이/가'도 올바로 사용해야 한다. '휴대전화가 삶을 윤택하게 만든 것이 아니다'라는 구절에는 '삶을 윤택하게 만든 것은 휴대전화가 아니라 다른 어떤 것이다'와 '휴대전화가 삶을 윤택하게 만들지 않은 점도 있다'라는 뜻이 모두 들어 있다. 그래서 읽는 이는 그 뜻을 정확하게 이해하기 어렵게 되는 것이다. '것이'의 '~이' 대신 특수조사 '~만~'과 '~은'을 결합해서 '휴대전화가 삶을 윤택하게 만든 것만은 아니다'라고 쓰면 전하려는 뜻이 분명해진다.

체언의 뒤에 붙어서 복수를 만드는 접미사 '~들'도 남발하지 말아야 한다. '미국산 쇠고기들에서 다량의 발암물질들이 발견되었다는 보고들이 있었다'라는 문장처럼 '~들'을 일일이 붙여야만 뜻을 정확하게 전달할 수 있는 것은 아니라는 말이다. '~들'을 모두 빼고 '미국산 쇠고기에서 다량의 발암물질이 발견되었다는 보고가 있었다'라고 쓴다.

'~에게'와 '~에'도 가려 써야 한다. 조사 '~에게'는 '친구에게', '강아지에게'와 같이 대상이 유정물(有情物)인 경우에만 쓴다. 반면 '화분에 물을 주었다'와 같이 대상이 무정물(無情物)일 때는 '~에게'가 아니라 '~에'를 써야 어법에 맞는다.

어미를 적절히 활용해서 꾸미는 말과 꾸밈을 받는 말의 관계도 정확하게 구분해야 한다. '타인의 이익을 먼저 생각하고 이타적인 태도를 가져야 한다'라는 구절에서 '타인의 이익을 먼저 생각'할 줄 아는 자세는 바로 '이타적인 태도'의 구체적인 내용이므로 '생각하는 이타적인 태도'라고 고쳐 써야 한다.

'어떻게 하면 풍부한 느낌을 가지며 살아갈 수 있을까'라는 구절의 '~며'는 모음 또는 'ㄹ'로 끝나는 어간에 붙어서 둘 이상의 사물, 동작, 상태 등을 나열할 때 쓰는 연결어미다. '느낌을 가지'는 것은 살아가는 모습을 가리킬 뿐 둘 이상을 나열하는 뜻은 없다. '가지며'는 '가지고'나 '갖고'로 바꿔 써야 옳다.

'대법원과 헌법재판소와는 최고의 사법기관이다'는 '너와 나와는 친구다'라고 쓴 것과 같은 모양이다. '너와 나는 친구다'라고 쓰면 그만이듯 '대법원과 헌법재판소는 최고의 사법기관이다'라고 써야 한다는 말이다. '소심한 성격과 부정적인 사고와는 관련이 매우 깊다'도 마찬가지다. '~과/와'는 상호 관련된 것을 연결할 때 쓰는 말이다. '사고와는'의 '~와는'은 적절하지 않다. 그냥 '부정적인 사고는'이라고 쓴다.

'정상에 오르는 길은 대단히 험난한 생각이 들었다'라는 문장은 잘못이 별로 없어 보인다. 그런데 이렇게 쓰면 '생각이 험난하다'는 뜻인지 '정상에 오르기가 험난하다'는 말인지 분명하지 않다. '험난하다'라는 형용사가 관형형 '험난한'으로 바뀌어 '생각'을 꾸미는 것으로 보이기 때문이다. 문맥상으로는 '정상에 오르는 길이 험난하다'라는 뜻이다. 그러므로 '험난한'은 '험난하다는'으로 고쳐 써야 한다.

'이별이라는 것을 겪는 바람에 나는 한동안 절망이라는 단어를 가슴에 품고 살았다'라고 쓴 문장은 어떤가. '이별이라는 것'의 '~이라는'을 보자. 이런 표현은 대상의 본질을 흐려 놓기 십상이다. 이 말은 예컨대 '국회의원이라는 사람이 그럴 수가 있느냐'와 같이 대상을 비하시킬 때 주로 쓴다. '이별이라는'도 마찬가지다. '이별하는 바람에'나 '이별했기 때문에'라고 쓰면 그만이다. '절망이라는 단어'도 매한가지다. '꿈이라는 단어를 고이 간직했다', '연인이라는 단어에 충실했다'와 같은 표현은 사춘기 문학소녀들의 덜 성숙한 글쓰기 습관 중 하나다. '이별하는 바람에 나는 한동안 절망 속에서 살았다'라고 쓴다.

'학생회에서는 어제서부터 교내 정화의 운동을 시작했다'를 보자. '어제서부터'의 '~서~'는 군더더기다. '어제부터'라고 쓰면 간명해서 문장의 뜻도 한결 정확해진다. '정화의 운동'의 '~의' 역시 군더더기다. 그냥 '정화운동'이라고 붙여 쓴다.

'포부가 무척이나 크다고 생각했다'의 '~이나'는 '크다'를 강조하려고 덧댄 말이다. 그런데 이미 '무척'에 강조의 뜻이 들어 있다. '~이나'를 빼고 '무척 크다고 생각했다'라고 쓰도록 한다. '그렇게나 심각한 일이라고'의 '~나' 역시 문장에는 적합하지 않다.

'우리나라의 야구선수들의 신체의 특성'이라는 대목을 보자. 한눈에 보아도 조사 '~의'가 지나치게 많다. 이건 영어 문장의 'of'를 직역한 꼴이므로 우리 문장에서는 가급적 반복하지 말아야 한다. '~의'를 과감히 생략해서 '우리나라 야구선수들의 신체특성'이라고 쓰도록 한다. '컴퓨터의 키보드의 활용의 방법' 역시 '컴퓨터 키보드의 활용방법'이라고 쓰는 게 좋다.

'난 오늘 그곳엔 가질 않기로'는 이와 반대다. '난'은 '나'에 주격조사 '~는'을 결합한 '나는'을 줄여 쓴 꼴이다. '그곳엔'의 '~엔' 역시 '에는'의 준말이다. '가질'의 으뜸꼴도 '가지를'이다. 그런 예로는 '우린(우리는)', '넌(너는)', '날(나를)', '공불(공부를)' 등이 있다. 물론 운율을 고려해서 쓰는 시나 노랫말의 경우는 '시적허용'이라고 해서 이와 같이 줄여 쓰기도 한다. 하지만 산문에서는 가급적 쓰지 않는 것이 좋다. 예문도 조사를 정확하게 밝혀서 쓰되 '가질'의 'ㄹ'은 군더더기이므로 '나는 오늘 그곳에는 가지 않기로'라고 쓰자.

'나는 서울에서 태어나서 서초동에서 살았다'에서는 '~서'를 연속해서 썼다. 이럴 때는 '서울에서 태어나 서초동에서 살았다'와 같이 하나쯤은 생략하고 쓰는 것이 요령이다. '귀국이 8월까지도 연기될 수도 있다고 말했다.' 역시 '귀국이 8월까지도 연기될 수 있다고 말했다'와 같이 쓴다.

'그 시절에 민주화운동에 가담한 적이 있는 국회의원이 열 명이 넘는다'는 어떤가. '그 시절에 민주화운동에'에서는 조사 '~에'를 반복했다. '적이 있는 국회의원이 열 명이'에서도 '~이'를 세 번 썼다. 이렇게 쓰면 리듬이 단조로워진다. 이걸 '그 시절에 민주화운동을 했던 국회의원이 열 명 이상이다', '그 시절에 민주화운동을 했던 국회의원의 수가 열 명을 넘는다'라고 쓸 수 있으면 문장을 제법 다룰 줄 안다고 할 수 있다.

'홀로 두고 온 딸이 아무리 보고 싶다고 해도 도로 서울로 올라가는 것은 좋지 않다'와 같은 문장도 있다. '홀로 두고'와

'보고 싶다고 해도 도로 서울로' 부분을 다시 읽어 보자. 각 어절의 끝소리가 모두 'ㅗ' 모음으로 끝나기 때문에 리듬이 단조로워지지 않았는가. 'ㅗ' 모음의 사용을 자제하면서 '혼자 두고 온 딸이 아무리 보고 싶어도 다시 서울로 올라가는 것은 좋지 않다'라고 고쳐 써 보자.

'학교에서 어떻게 지도하기에 따라 달라진다'라는 구절의 경우는 '지도하기에'가 아니라 '지도하느냐에'가 맞다. '~하기에'는 예컨대 '다 너 하기에 달렸다'와 같이 쓴다. 비슷한 예로 '나는 네가 어떤 생각을 하고 있다는 걸 알고 있다' 역시 '나는 네가 어떤 생각을 하고 있는가를 알고 있다'라고 쓴다.

'도망을 치고', '추적을 하고', '정지를 시키고', '하염이 없는'과 같이 조사를 매번 덧붙여 쓰는 것도 바람직하지 않다. '도망치고', '추적하고', '정지시키고', '하염없는'이라고 쓴다.

'프로그램의 설치의 작업을 하고 있음'이라는 구절은 또 어떤가. 이 경우는 '~의'를 마구 생략하고 그냥 '프로그램 설치 작업을 하고 있음'이라고 쓰는 것만 못하다. 그런데 '설치작업'도 잘못이다. '작업'의 내용이 바로 '설치'이기 때문이다. '프로그램을 설치하고 있음'이라고 쓰면 그만이다.

고추장에 버무린 파스타

우리의 사고나 생활 방식은 외국인과 다르다. 생김새나 언어도 마찬가지다. 생각이나 느낌의 전달수단인 문장의 구조도

서로 같지 않다. 당연하다. 그런데 그렇지 않은 일이 종종 발생한다. 말하자면 핫도그에 고추장을 바르거나, 콩나물 비빔밥에 버터를 듬뿍 얹어서 비비는 꼴이다.

미국 영화의 로맨틱한 장면 하나를 떠올려 보자. 남녀 주인공이 한적한 장소를 걷다가 키스를 진하게 나눈다. 그런 다음 남자가 여자의 귀에 대고 'I love you'라고 속삭인다. 이걸 우리말로 바꾸면 '나는 사랑합니다, 당신을'이 된다. 그런데 이건 좀 어색하지 않은가. '나는 당신을 사랑합니다'라고 번역해도 마찬가지다. 우리의 청춘 남녀들은 그냥 '사랑해'라고 속삭인다. 반대로 우리 소설의 어느 한 대목에 '사랑해'라고 속삭이는 대사가 있다고 이걸 영어로 'Love'라고 번역한다면 영어권 사람들에게는 대단히 어색하게 들릴 것이다.

우리 문장은 '나는 ~한다'와 같은 능동적 표현구조를 갖고 있다. '나는 자연을 사랑한다'는 행위주체인 '나'가 주어인 문장이다. '자연은 나한테 사랑을 받는다'는 행위의 객체이자 무정물인 '자연'이 주어인 문장이다. 두 문장은 전하려는 뜻이 같은 것처럼 보이지만 하나는 '나'의 주체적 행위를 강조하고 있고, 다른 한 문장은 '자연'의 현재 상태가 상대적으로 더 부각된다.

영어 문장에는 이런 피동형 구문이 대단히 많다. 무정물이나 무생물도 주어 역할을 한다. 하지만 이런 구문으로는 우리만의 생각이나 느낌을 적절하게 표현하기 어렵다.

'홍보활동이 계속되어야 한다'라는 구절을 보자. 여기에서는 '계속되어야 한다'가 잘못이다. 모든 활동에는 활동주체가 있게 마련이다. 바로 그 주체를 살려서 문장을 써야 한다. 그러면 이 구절은 '홍보활동을 계속해야 한다'가 된다.

'그동안 아무 생각없이 살아져 왔다'라고 쓴 구절도 마찬가지다. '살아져 오다'와 같은 표현은 우리말에 없다. '그동안 아무 생각없이 살아왔다'라고 쓴다. '물의 부족으로 인해서', '지원자가 넘침으로 인해서'와 같은 구문도 잘못이다. '물이 부족해서', '지원자가 넘쳐서'와 같이 쓰라는 말이다.

'나의 살던 고향은'으로 시작하는 우리 동요가 있다. 이걸 '내가 살던 고향은'으로 바꾸면 어떨까. '그건 대학생의 할 일은 아니다'와 '성공함을 목표로'와 같이 영어 문장을 직역한 구문도 잘못이다. '대학생의'의 '～의'는 영어 'of'를, '성공함'은 영어의 명사형을 직역한 꼴이다. '그건 대학생이 할 일은 아니다', '성공하기 위해서'와 같이 쓴다.

'오늘도 날씨의 화창함이 계속되겠다'라고 쓰는 건 어떤가. 이 문장은 '날씨의 화창함'도 잘못이지만 '계속되겠다'도 적절하지 않기는 매한가지다. '오늘도 화창한 날씨가 계속되겠다'라고 써도 영어 구문의 흔적이 남아 있다. '오늘도 날씨가 화창하겠다'라고 쓰면 훨씬 간명해진다.

'미안함이 남아 있다면 사과해라'의 '미안함이 남아 있다면'을 보자. 이건 멋을 좀 부려서 쓴 경우인데, 이걸 '미안함을 갖고 있다면'과 같이 고쳐 써도 우리말 표현이 아니기는 마찬가지다. '미안하게 생각한다면'도 무방하지만 '미안하면/미안하다면 사과해라'가 더 좋겠다.

'강의에 열심임을 보여준다면'은 또 어떤가. 한자말 '열심(熱心)'에 명사를 만드는 접미사 '임'을 결합한 '열심임'은 흔히 쓰지 않는 표현이다. '보여준다면'도 우리말 표현법이 아니기는 마찬가지다. '강의를 열심히 한다면'이라고 쓴다.

 '우리는 쉬운 만남의 짧게 사랑함을 경험했다'라는 문장을 보자. '쉬운 만남'이나 '짧게 사랑함'과 같은 표현은 전달하려는 뜻을 모호하게 만든다. '우리는 쉬운 만남과 짧은 사랑을 경험했다'라고 써도 '사랑을 경험'했다는 말이 어색하다. 어차피 과거에 겪은 일이므로 '경험'이라는 말 또한 굳이 쓸 필요가 없다. '우리의 만남은 쉬웠고 사랑은 짧았다'라고 써도 주어가 각각 '만남'과 '사랑'이어서 어색하다. '우리는 쉽게 만나서 짧게 사랑했다'라고 쓰는 것과 비교해 보라.

 '공기가 맑은 시골을 선택함과 거주함이 현명할 것으로 간주된다'와 같은 문장도 마찬가지다. '선택함과 거주함'은 모두 영어 표현이다. 서술부의 '현명할 것으로 간주된다' 역시 영어 문장을 번역한 모양새다. 우리말 표현으로는 '현명하다고 생각한다', '현명하지 않겠는가' 등이 있다. 물론 '좋겠다'라고 간명하게 쓰면 더 좋다. 그렇다고 '공기가 맑은 시골을 선택해서 거주하는 것이 현명할 거라고 생각한다'라고 써도 좋은 문장은 아니다. '선택'이니 '거주'니 하는 말이 모두 군더더기이기 때문이다. '공기가 맑은 시골에서 사는 것이 좋겠다'라고 쓰면 우리말 표현 방식을 잘 살린 문장이 된다.

 '시원함이 묻어나는 바닷바람을 맞고 걸었더니 기분이 상쾌해짐을 느꼈다'라는 문장을 보자. '시원함이 묻어나는'은 지나치게 멋을 부린 표현이다. '시원한'이라고 써도 전달하려는 뜻은 손상되지 않는다. '상쾌해짐을 느꼈다'도 마찬가지다. '상쾌함'은 그 자체가 '느낌'의 일종이다. '시원한 바닷바람을 맞고 걸었더니 기분이 상쾌해졌다'라고 쓴 문장과 비교해 보자.

영어 표현을 그대로 번역해 놓은 듯한 문장은 더 좋지 않다. '가정주부로서의 생활자세의 검소함은 아무리 강조해도 지나침이 없을 것이다'와 같은 문장이 그것이다. 이 문장은 우선 행위주체인 '가정주부'를 주어로 고쳐 써야 한다. '생활자세의 검소함'도 영어 번역투다. '아무리 강조해도 지나침이 없다'도 써서는 안 되는 말이다. '가정주부는 검소한 생활자세를 가져야 한다'라고 바꿔도 완전한 우리말 표현법이라고 할 수 없다. '가정주부는 검소하게 생활해야 한다'라고 써야 한다.

'젊은이는 국방의 의무로부터 자유로울 수 없다'의 '자유로울 수 없다' 역시 영어 표현법이다 '국방의 의무를 다해야 한다'가 우리말 표현법이다. '현정이는 대학에 갈 수 있는 마지막 학생이다'라는 문장은 또 어떤가. '마지막 학생'이라는 건 영어 'the last student~'를 직역한 모양이다. '현정이는 대학에 가기가 대단히 어렵다'가 우리말 구문이다.

'무엇보다도 중요한', '무엇보다도 좋은', '무엇보다도 예쁜'과 같이 쓰는 것도 좋지 않은 습관이다. '무엇보다도'는 영어 'more than anything'을 직역한 꼴이다. '가장 중요한', '가장 좋은', '가장 예쁜' 등이 우리말 어법에 맞다.

'그는 온몸의 떨림으로 방문을 열었다'도 잘못이다. '떨림으로'의 '수단'을 뜻하는 '~으로'는 문장의 뜻을 모호하게 만든다. '그는 온몸을 떨면서 방문을 열었다'와 같이 고쳐 쓰면 뜻을 더 정확하게 전달할 수 있다.

 하나만 더 보자. '지도교수님의 말씀에 의해 나는 체계적인 계획의 수립을 통한 지속적인 공부의 필요성을 깨달았다'라는 문장에 들어 있는 '말씀에 의해'의 '~에 의해'는 영어 'by'를 직역한 모양이다. '말씀에 따라'나 '말씀대로'라고 써야 한다. '~을 통한'도 '~해서'로 바꿔 쓴다. '공부의 필요성을 깨달았다'도 한껏 멋을 부린 모양새다. '공부의 필요성을 깨달'았다면 '공부하기로' 했을 것이다. '지도교수님의 말씀대로 나는 학습계획을 체계적으로 세워서 공부하기로 했다'라고 써야 한다.

담백하게 아주 고소하게

 문장에도 맛이라는 게 있는가. 물론이다. 음식에 다양한 맛이 있는 것처럼 문장도 담백한 문장, 쫄깃쫄깃한 문장, 밋밋한 문장, 고소한 문장, 부드러운 문장, 짭짤한 문장 등 이루 헤아릴 수 없을 정도로 종류가 다양하다. 이걸 학교에서는 '수사법'과 '문체'라는 이름으로 가르치고 공부했다.

 사실 글이란 본디 메마르고 딱딱한 것이어서 읽을 맛이 나는 문장을 쓰는 건 생각 이상으로 어렵다. 그런데 문장에 간장을 붓거나 마늘씨를 찧어 넣는 것보다 중요한 게 있다. 리듬감

있게 읽을 수 있는 문장을 만드는 것이다. 문장의 맛은 여기에서 시작된다.

'서정이는 예쁘다. 서영이는 예쁘다. 윤정이는 예쁘지 않다. 윤영이는 예쁘지 않다'와 같이 나열한 문장을 보자. 이 네 문장에는 모양이 같은 단어가 보인다. 그걸 생략하면 '서정이와 서영이는 예쁜데, 윤정이와 윤영이는 그렇지 않다' 혹은 '서정이나 서영이와는 달리 윤정이와 윤영이는 예쁘지 않다'와 같이 된다.

'옛날에는 영화관에서 영화를 상영하기 전에 대한뉴스를 먼저 상영했다'에서는 '영화'와 '상영'을 두 번씩 썼다. '영화관'은 '극장'에 비해 제한적인 뜻으로 쓰인다. '영화관'은 '영화를 상영하는 곳'이지만, '극장'은 '연극이나 음악, 무용 따위를 공연하거나 영화를 상영하기 위하여 무대와 객석 등을 설치한 건물'을 가리킨다. 확실한 건 극장에서도 영화를 상영하고, 또한 극장은 영화관의 다른 이름으로도 쓰이므로 예문의 경우는 '영화관' 대신 '극장'을 쓸 수 있다는 사실이다. '상영'을 반복한 것도 바람직하지 않으므로 바꿔 쓴다. 그러면 예문은, '옛날에는 극장에서 영화를 상영하기 전에 대한뉴스를 먼저 보여 주었다'라고 쓸 수 있다. 그런데 '전에'와 '먼저'는 뜻이 같으므로 '먼저'는 생략해도 무방하다.

'나는 저지난달에 중국으로 출장을 다녀왔고 지난달에도 중국으로 출장을 다녀왔으며 이번 달에도 중국으로 출장을 다녀왔다'라고 쓴 문장은 석 달을 연속해서 중국 출장을 다녀온

글쓴이의 생활뿐만 아니라 읽기도 단조롭게 느껴진다. '나는 이번 달까지 석 달 연속 중국으로 출장을 다녀왔다' 혹은 '나는 최근 석 달 동안 연속해서 중국으로 출장을 다녀왔다'라고 쓰면 훨씬 간명해진다.

'영어가 대학입시에서 중요한 과목인 것처럼 수학도 대학입시에서 중요한 과목이고 국어도 대학입시에서 중요한 과목이다'라는 문장에서도 '대학입시에서 중요한 과목'이라는 말을 세 번 썼다. 그러다 보니 문장의 길이도 턱없이 장황해졌다. '영어와 마찬가지로 수학과 국어도 대학입시에서 중요한 과목이다'와 같이 쓰는 것과 비교해 보라.

'민정이는 어제 커피숍에서 일을 마친 뒤 피부관리실을 다녀왔고, 오늘도 커피숍에서 일을 마친 뒤 피부관리실을 다녀와서 이메일을 쓰고 잠을 잤다. 민정이는 아마 내일도 커피숍에서 일을 마친 뒤 피부관리실을 다녀와서 이메일을 쓰고 잠을 잘 것이다'의 경우는 또 어떤가. 민정이처럼 매일 똑같은 일을 반복하면서 살아가는 이들이 주변에는 의외로 많다. 그렇다고 문장까지 이렇게 쓰면 어떻게 하는가. 이 문장을 읽고 나면 내용의 알맹이는 간 데 없고 '커피숍'과 '피부관리실'이라는 말만 남지 않을까. '민정이는 요즘 날마다 커피숍에서 일을 마친 뒤 피부관리실을 다녀와서 이메일을 쓰고 잠을 잔다'와 같이 써도 전하려는 바가 손상되지는 않을 것이다.

이제 좀 다른 걸 보자. 예컨대 '내 친구 찬호는 매우 사교적이고 실리적이고 열정적이고 이성적이다'와 같은 문장이다.

이 문장은 '~이고'를 세 번이나 반복하는 바람에 역시 리듬이 단조로워졌다. '내 친구 찬호는 매우 사교적이고 실리적이며 열정적인 데다 이성적이기까지 하다' 혹은 '내 친구 찬호는 매우 사교적이고 실리적일 뿐만 아니라 열정적이며 이성적인 면도 갖추고 있다'라는 정도로 바꿀 수 있겠는데, 이 또한 '능동적', '합리적', '열정적', '이성적'과 같이 관형사를 만드는 접미사 '~적'을 네 번씩이나 썼으므로 바람직하지 않다. '내 친구 찬호는 사교성이 매우 좋은데다 실리에 따라 행동할 줄 알며, 냉철한 이성을 갖고 열정적으로 살아간다' 혹은 '내 친구는 사교성도 뛰어나고 실리도 잘 챙기며 뜨거운 열정과 냉철한 이성까지 고루 갖추었다'와 같이 쓸 수 있다면 제법 수준이 높은 문장 구사력을 갖추었다고 할 수 있다.

'나는 네가 어디서 왔고 네가 어디 살았으며 네가 무엇을 했는지 궁금하구나'라는 문장도 '나는 네가 어디서 무엇을 하고 살았는지 궁금하구나'라고 쓰자. 그렇다면 '예술이 언제 발생했고 어디서 발생했고 어떻게 발생했는지 알아보자'라는 문장은 어떻게 고쳐 쓰면 좋을까. 이 경우도 '예술이 언제 어디서 어떻게 발생했는지 알아보자' 혹은 '예술의 발생과정에 대해 알아보자'라고 쓰면 그만이다.

'찬우는 어제까지만 해도 현주가 곁에 있어서 기분이 아주 좋아 보였는데, 오늘은 현주가 곁에 없어서 그런지 기분이 아주 좋지 않아 보인다'라는 문장 역시 다양하게 변화를 주어서, '현주가 곁에 없어서 그런지 찬우는 어제와 달리 오늘은 기분이 아주 좋지 않아 보인다', '오늘 현주가 떠나기 전까지만 해도 찬우는 기분이 아주 좋아 보였다', '현주가 떠나기 전까지만 해도 찬우는 오늘처럼 기분이 아주 나빠 보이지는 않았다', '찬우는 어제와 달리 오늘은 기분이 아주 좋지 않아 보인다. 아마 현주가 곁에 없어서 그러는 모양이다' 등으로 쓸 수 있을 것이다.

'고등학교를 함께 다녔던 사내인 것 같기도 하고, 언젠가 비즈니스로 만났던 사내인 것 같기도 하고, 우연히 술집에서 합석을 했던 사내인 것 같기도 하고, 비행기에서 합석을 했던 사내인 것 같기도 한데 어느 것도 확실하지 않다'와 같은 문장을 고쳐 써서 좋은 문장으로 만들기 위해서는 더욱 숙련된 솜씨를 갖고 있어야 한다. 이 문장에서 가장 눈에 거슬리는 대목은 '것 같기도 하다'를 네 차례나 반복했다는 점이다. '합석을 했던'을 두 번 쓴 것도 바람직하지 않다. 고도의 문장 구사력을 갖춘 이라면, '혹시 고등학교를 함께 다녔던 친구는 아닐까. 그게 아니면 언젠가 비즈니스로 만난 적이 있거나. 물론 술집이나 비행기에서 우연히 합석했던 사람일 수도 있는데 어느 것도 확실하지 않다'라고 고쳐 쓸 수 있을 것이다.

모양이 같은 단어나 구절을 반복해서 쓴 문장은 읽는 이의 원활한 독서행위를 방해한다. 같은 말이라도 얼마든지 변화 있게 쓸 수 있다. 그 과정에서 자신의 개성도 발휘할 수 있다. 독창적인 문체 또한 문장에 변화를 주는 데서 얻어진다.

문장부호와 띄어쓰기의 활용

 우리가 쓰는 모든 단어는 일종의 기호다. 문장과 글은 이러한 기호를 체계화한 것이라고 할 수 있다.
 문장부호와 띄어쓰기도 기호에 해당된다. 단어와 달리 문장부호와 띄어쓰기는 대충 써도 되는 것처럼 생각하기 쉽다. 하지만 이 둘도 단어를 제대로 골라 쓰는 것만큼 중요하다.

온점부터 말줄임표까지

 친구의 편지를 읽다가 숨을 거둔 이가 있었다. 까닭을 알아보니 그 편지에는 온점(마침표)이나 반점(쉼표)이 하나도 없더라는 것이었다. 물론 우스갯소리지만 이 이야기는 문장부호를 제대로 활용하는 것이 얼마나 중요한지를 일깨워 준다.

문장부호 사용의 첫걸음은 문장이 끝난 자리에 '온점(.)'을 적어 넣는 것이다. '윤호는 자고 있다 그 동생 성호는 컴퓨터 게임을 하고 있다'와 같이 온점을 생략하면 안 된다.

온점은 숫자와 같은 표시문자 다음에도 '1. 서론, 2. 본론, 3. 결론'과 같이 쓰인다. 그런데 표시문자에 '① 서론, 2) 본론, (3) 결론'과 같이 괄호를 쓸 때는 온점을 적지 않는다.

흔히 '쉼표'라고 부르는 '반점(,)'은 문장 안에서 짧은 휴지(休止)를 나타내는 것으로 그 쓰임이 매우 다양하다. 반점은 우선 '공부할 때는 책, 연필, 노트가 필요하다'와 같이 자격이 같은 어구를 연결할 때 쓴다. 물론 '책과 연필과 노트'처럼 조사로 연결할 때는 쓰지 않는다. '전주와 광주, 대구와 부산은 호남과 영남을 대표하는 도시다'와 같이 단어나 어구를 짝지어 구별할 때도 반점을 반드시 쓴다.

바로 다음 말을 꾸미지 않을 때도 반점을 쓴다. '나는 어제 내가 좋아하는 현주의 동생 명주를 만났다'라는 문장의 경우 '나'가 좋아하는 사람은 '현주'다. '나'가 좋아하는 사람이 '명주'라면 '나는 어제 내가 좋아하는, 현주의 동생 명주를 만났다'라고 써야 한다. 이처럼 반점은 전하려는 뜻까지 바꾸기도 한다.

'설화는 입에서 입으로 전해 내려오는 말 그대로 옛날이야기를 가리킨다'라는 문장의 경우에도 '설화는 입에서 입으로 전해 내려오는, 말 그대로 옛날이야기를 가리킨다'와 같이 반점을 써야 뜻을 정확하게 전달할 수 있다.

'진취적 행동, 이는 청소년의 덕목이다', '정직, 이거야말로 자기발전의 원동력이다'와 같이 특별히 강조하기 위해서 맨 앞에 둔 제시어 다음에도 반점을 쓴다. 도치된 문장 사이에도 '그러면 안 된다, 적어도 우리가 친구라면.'과 같이 쓴다.

 '아, 그랬구나'처럼 가벼운 감탄을 나타내거나, '예, 잘 알겠습니다'처럼 대답하는 말의 뒤, '가겠다는 거야, 안 가겠다는 거야?'와 같이 듣는 이의 선택을 물을 때도 반점을 쓴다. '단, 이것은 명심해야 한다'라는 문장처럼 접속이나 연결을 나타내는 말 다음에도 쓴다. 순서를 나타내는 첫째, 둘째, 셋째 뒤에도 반점을 써야 한다. 하지만 '그리고', '그러나', '그러니까', '그런데' 등의 접속부사 다음에는 쓰지 않는 것이 원칙이다.

 이외에도 숫자를 나열하거나 수의 폭과 대략적인 수를 나타낼 때도 '5, 6세기', '7, 8개'와 같이 반점을 써야 한다.

 '가운뎃점(·)'의 쓰임은 어떤가. 가운뎃점은 '사회·역사적 관점', '조사·연구'와 같이 여러 단위가 대등하거나 밀접한 관계임을 나타낸다. '3·1운동', '4·19혁명', '6·10항쟁'처럼 특정한 의미를 갖고 있는 날의 월과 일 사이에도 쓴다.

 쉼표로 열거한 어구를 여러 단위로 나눌 때도 '민수는 축구·농구·배구와 같은 스포츠를 좋아하고, 정희는 영화·미술·음악과 같은 예술 분야를 좋아한다'와 같이 가운뎃점을 쓴다.

 '물음표(?)'와 '느낌표(!)'도 올바로 써야 한다. 물음표는 의문의 뜻을 나타낼 때 문장의 맨 끝에 쓴다. 의심·빈정거림·비웃음 등을 표시할 때, 혹은 적절한 말을 쓰기 어려운 경우에도

'결국 은주한테 절교선언을 당하는 데 성공(?)하고 말았다'와 같이 물음표를 쓴다. 느낌표는 물론 감탄이나 놀람, 부르짖음, 명령 등 강한 느낌을 표현할 때 쓴다.

영화나 음악, 미술, 문학 등의 작품 이름에는 '작은따옴표('')'를 반드시 써야 한다. 논문을 쓸 경우 작품이 실린 책이나 전시된 작품의 전시회 이름은 어떻게 구분해서 쓸 것인가. 이 때는 '큰따옴표("")'를 쓰면 된다. "매일신보"에 실린 이광수의 소설 '무정'과 같이 쓰는 것이다.

'묶음표'도 중요한 문장부호 중 하나다. 우리말의 묶음표에는 '소괄호(())', '중괄호({})', '대괄호([])'가 있다.

소괄호는 '성실(誠實)', '이광수(6·25때 납북)', '6·15선언' 등과 같이 연대, 주석, 설명 등을 넣을 때 쓴다. 중괄호는 여러 단위를 동등하게 묶을 때 쓰는데 문장에서는 거의 사용하지 않는다. 대괄호는 '낱말[單語]'과 같이 묶음표 안의 말이 바깥 말과 소리가 다를 때 사용한다. '정성을 다해서 [성실(誠實)한 태도로] 일해야 한다'와 같이 중괄호를 겹쳐 써야 할 때도 대괄호를 쓴다. 다만 '문체(style)'와 같이 영문을 밝혀 적을 때는 소괄호를 쓴다.

'4·19(1960년)을 기억하자'와 '정보(지식)이 필요하다'를 보자. 괄호 다음의 조사로 '~을'과 '~이'를 쓴 것은 괄호 안에 있는 '1960년'의 '~년'과 '지식'의 '~식'과 연결해서 소리나는 대로 적었기 때문이다. 그런데 괄호 안에 든 단어는 읽지 않는 모양으로 써야 한다. '4·19'와 '정보'의 마지막 소리인 모음 'ㅜ'와

'ㅗ'에 이어지는 조사를 골라 써야 한다는 말이다. 따라서 이 둘은 '4·19(1960년)를'과 '정보(지식)가'로 고쳐 써야 한다.

할 말을 줄이거나 대화체에서 말이 없음을 나타낼 때 쓰는 줄임표도 주의를 기울여 써야 한다. 줄임표는 가운뎃점 여섯 개(……)를 쓰는 것이 원칙이지만, 가운뎃점 세 개(…)나 마침표 셋(...)을 쓰는 것도 허용된다.

문장부호는 종류와 쓰임새가 매우 다양하다. 글을 읽다 보면 이 문장부호를 소홀히 하는 경우가 적지 않다. 문장부호를 정확하게 사용해야 생각과 느낌을 정확하게 전달할 수 있다는 점을 명심해야 한다.

아기 다리 고기 다리

'아기 다리 고기 다리 던데이트'라는 우스갯소리가 있었다. 앞선 세대의 외로운 청춘남녀들이 푸념처럼 자주 쓰던 말이다. 물론 정확한 표현은 '아, 기다리고 기다리던 데이트'다.

영어는 단어별로 띄어 쓰면 그만이지만 우리말은 모양이 같아도 내용에 따라 띄어 쓰기도, 붙여 쓰기도 한다. '한민족'과 '한 민족'은 같은 꼴이지만 뜻은 크게 다르다. '한민족(韓民族)'은 '우리 민족'을 가리키는 데 반해, '한 민족'은 지구상 여러 민족 중 '하나의 민족'을 뜻하기 때문이다.

우리말 용언의 어미나 조사는 앞말에 반드시 붙여 쓴다. '나 보다 더 덜렁 거린다'의 경우 '나 보다'와 같이 띄어 쓰면

'나를 보다'라는 뜻이 된다. 그런데 이 구절에서는 '나'와 누군가를 비교하고 있다. '보다'가 'see'가 아니고 '비교'의 뜻으로 쓰였으니 '나보다'로 붙여 써야 한다. '덜렁 거린다'를 띄어 쓸 이유도 없다. 무조건 붙여야 한다. '가야 겠다', '먹어야 겠다'와 같이 '~겠다'를 띄어쓰기도 하는데 이것도 잘못이다.

의존명사나 단위를 나타내는 명사는 띄어 쓴다. '아는 것이 힘이다', '나도 할 수 있다', '먹을 만큼 먹었다', '뜻한 바를 알겠다', '갈 듯 말 듯하다', '차 한 대', '집 한 채', '신발 두 켤레' 등이 그 예다. 다만 '102동 1403호'와 같이 순서를 나타내거나 숫자와 어울려 쓸 때는 붙인다. '제 1과', '제 3장'의 띄어쓰기도 옳지 않다. '제1과', '제3장'으로 붙여 써야 한다.

'데'의 띄어쓰기에 주목하자. '데'는 이따금 의존명사로도 쓰인다. '가는데'와 '가는 데'는 꼴은 같아도 뜻은 다르다. '가는데'는 '철수는 대학에 가는데 너는 안 갈 거냐?'와 같이 쓴다. '그가 지금 가는 데가 어디냐?'의 '데'는 '곳', '장소'의 뜻을 가졌으므로 앞말과 띄어 쓴다.

'지'의 띄어쓰기도 같다. '데'와 마찬가지로 이 '지' 또한 '먹었는지 모르겠다', '가지 마라'의 '~지'와 같이 동사의 어간에 붙여 쓰지만 의존명사로 쓰기도 한다. '떠난 지도'가 그런 예다. 이때의 '지'는 시간의 경과를 뜻하는 의존명사이므로 띄어 쓴 것이다.

한자말 '간(間)'도 옳게 띄어 써야 한다. '가든지 말든지 간에'의 '간'은 '어느 경우든 관계없이'의 뜻을 가진 의존명사이므로 띄어 쓴다. 지명의 사이를 뜻할 때도 '대전 통영 간 고속 도로'와 같이 띄어야 한다.

'형만한 아우 없다'와 '사흘 만에 왔다'의 '만'도 다르다. 앞의 '~만'은 비교를 뜻하는 조사이므로 붙여 쓰고, 뒤의 '만'은 시간의 흐름을 뜻하는 의존명사이므로 띄어 쓴 것이다.

'며칠 간, 십여 년 간, 한 달 간, 24개월 간'의 '간'은 '동안'의 뜻을 가진 접사이므로 '며칠간, 십여 년간, 한 달간, 24개월간'으로 붙여 쓴다. '부부간, 친구간, 혈육간, 남녀간, 고부간, 부녀간, 남매간, 상호간, 천지간, 계층간' 등도 하나의 단어로 굳어졌으므로 붙여 쓴다. '좌우간, 다소간, 조만간'도 마찬가지다.

이어 주거나 열거하는 말은 의존명사가 아니어도 띄어 쓴다. '국장 겸 과장', '열 내지 스물', '청군 대 백군', '이사장 및 이사들'이 그 예다. 운동경기가 열릴 때 쓰는 '대'도 '한국 대 중국'과 같이 띄어 쓴다. 수를 적을 때는 '만(萬)' 단위로 띄어서 '사만 삼천오백칠십육 명'과 같이 써야 한다.

'새 봄 맞이 시 낭송회가 끝난 뒤 우리는 생맥주 집으로 자리를 옮겨서 한 바탕 신명 나는 이야기 꽃을 피웠다'라는 문장을 보자. '새 봄 맞이'를 풀어 쓰면 '새로운 봄을 맞이하는 일'이다. 그런데 이 말은 그런 행위를 뜻하는 하나의 체언으로 볼 수 있다. '시 낭송회'와 '생맥주 집'도 '시를 낭송하는 모임', '생맥주를 파는 집' 등의 뜻을 갖고 있지만 역시 하나로 묶어 쓰는 말이다. 각각 '새봄맞이', '시낭송회', '생맥주집'으로 붙여 쓰는 것이 좋다. '한 바탕'은 관형사 '한'과 의존명사

'바탕'을 연결한 것이므로 띄어 쓰는 것이 원칙이지만, 이 경우에는 관형사 '한'의 횟수 개념이 매우 약하므로 '한바탕'으로 그냥 붙여 쓴다.

같은 이유로 '술 한잔'과 '술 한 잔'도 구분해서 쓸 줄 알아야 한다. 앞의 '한잔'은 술잔의 수를 굳이 따지지 않을 때 쓴다. '친구를 만나서 거나하게 한잔했지'가 그 예다. 뒤의 '한 잔'은 예컨대, '딱 한 잔밖에 안 마셨다고 우기는데 도무지 믿을 수가 있어야지'와 같이 수의 개념을 명확히 할 때 쓴다.

'신명 나는'의 '나는'은 '사물이 생겨 이루어지다'라는 뜻을 가진 '나다'의 활용형이다. 그런데 '나다'는 동사의 어미 '~아'나 '~어' 아래서 '자라나다', '피어나다'와 같이 '동작이 계속되어 나아감'을 뜻한다. '신명 나는'은 '신명이 나는'에서 조사 '~이'가 생략된 형태다. 이럴 때는 '나는'이 접미사 구실을 하기 때문에 '신명나는'으로 붙여 쓴다. 물론 예문 끝 부분의 '이야기 꽃'을 띄어 쓴 것도 잘못이다.

'없다'는 앞말에 띄어 써야 하는가, 붙여 써야 하는가. '없다'는 '돈이 없다', '아무도 없다'와 같이 '자리하고 있지 않다'라는 뜻을 가진 형용사다. 그런데 '없다'는 체언적 자립어근이나 불규칙적 어근에 붙어서 '한없다', '맥없다', '시름없다', '실없다', '덧없다', '그지없다'와 같이 어떠한 것이 결여되어 있음을 뜻하는 접미사로 쓰기도 한다. 물론 조사가 붙는 경우는 '한이 없다', '맥이 없다', '시름이 없다'와 같이 띄어 써야 한다.

우리말 띄어쓰기 규정에서는 체언이 이어져서 하나의 뜻을 만들 때는 붙여 쓰는 것을 허용하고 있다. 고유명사나 전문용어는 단어별로 띄어 쓰는 것이 원칙이다. 그런데 이렇게 일일이 띄어 쓰면 시각적으로 산만해진다. '한울 초등 학교'나 '문예 창작 학과'보다 '한울초등학교'나 '문예창작학과'가 낫다.

사람의 성과 이름은 붙여 쓰고, 이에 덧붙는 호칭어나 관직명은 '신연욱 과장', '이지현 양', '윤철민 군', '충무공 이순신 장군', '박만수 교수'와 같이 반드시 띄어 쓴다.

보조용언은 띄어 쓰는 것이 원칙이지만 경우에 따라 붙여 쓰기도 한다. 예를 들면, '꺼져 간다', '도와 드리다', '깨뜨려 버리다', '올 듯하다', '할 만하다', '될 법하다', '올 성싶다', '아는 척하다'가 원칙이지만 '꺼져간다', '도와드리다', '깨뜨려버리다', '올듯하다', '할만하다', '될법하다', '올성싶다', '아는척하다'와 같이 붙여 쓸 수도 있다는 말이다.

'안되다/안 되다', '못되다/못 되다', '못하다/못 하다'의 띄어쓰기에도 주의해야 한다. '안'과 '못'은 부정문으로 쓰이면 띄어 쓰고 그렇지 않으면 붙여 쓴다. 예를 들어 '얼굴이 좀 안되었다'와 같이 하나의 형태로 굳어져서 어떤 상태를 나타낼 때는 형용사로 쓰였으므로 붙여 쓴다. 반면 '버스가 도착할 시간이 안되었으니까'는 '되지 않았으니까'라는 뜻을 가진 부정문의 형태를 만들고 있으므로 '안 되었으니까'로 띄어 써야 한다. '행실이 못되다', '심보가 못되다'와 같이 하나로 굳어진 뜻으로 쓸 경우에는 '못되다'라고 붙여 써야 한다. 물론 앞서 보았던 '안 되었으니까'와 마찬가지로 부정문을 만드는 '못했다'는 '숙제를 아직

못 했다'와 같이 띄어 쓴다. 물론 '형이 동생만 못해서야 쓰겠느냐?'와 같이 어떤 행위를 금지하는 부정의 뜻이 아니라 '뒤떨어짐'을 뜻하는 단어로 쓸 때는 '못해서야'로 붙여야 한다.

'본(本)', '귀(貴)', '각(各)', '대(對)', '간(間)' 등의 띄어쓰기에도 주의해야 한다. 본래의 뜻과 멀어져 자신과 남을 가리키는 데 쓰는 '본'은 띄어야 한다. '본대학'이 아니라 '본 대학'과 같이 쓰라는 말이다. 다만 '본인(本人)', '본고(本稿)', '본회(本會)' 등은 붙여 쓴다. 남을 높여서 가리킬 때 쓰는 '귀'는 '귀 영업소', '귀 대학'과 같이 띄어 쓴다. '귀금속', '귀공자', '귀부인'과 같이 '귀(貴)'라고 하는 한자 본래의 뜻을 살린 단어는 물론 붙여 쓴다. '각반 교실'의 '각'은 관형사다. 당연히 띄어 써야 한다. '각 가정', '각 학교' 등도 예외가 아니다. 다만 '각처(各處)', '각국(各國)'은 붙여서 쓴다. '대(對)', '반(反)', '친(親)', '탈(脫)' 등은 '대미 수출', '반미 정서', '친노 그룹', '탈식민지'와 같이 뒷말과 붙여 쓴다. '대 북한 전략'의 '대 북한'은 '대북한'으로 붙여 써야 한다.

'이, 그, 저, 아무, 여러'와 의존명사가 결합한 말은 '이 사람, 그 자동차, 저 책, 여러 명'과 같이 띄어 써야 한다. 다만 '이것, 그것, 저것, 이분, 그분, 저분, 이이, 그이, 저이, 이자, 그자, 저자, 이놈, 그놈, 저놈, 이쪽, 그쪽, 저쪽, 이곳, 그곳, 저곳, 이때, 그때, 저때, 이번, 저번'과 같은 말은 붙여 쓴다. '그동안, 그사이, 아무것, 아무데, 어느새'도 마찬가지다.

좋은 문장 나쁜 문장

펴낸날	초판 1쇄 2009년 7월 25일
	초판 14쇄 2019년 1월 3일

지은이	송준호
펴낸이	심만수
펴낸곳	(주)살림출판사
출판등록	1989년 11월 1일 제9-210호

주소	경기도 파주시 광인사길 30
전화	031-955-1350　팩스 031-624-1356
홈페이지	http://www.sallimbooks.com
이메일	book@sallimbooks.com

ISBN	978-89-522-1222-1　04080
	978-89-522-0096-9　04080(세트)

※ 값은 뒤표지에 있습니다.
※ 잘못 만들어진 책은 구입하신 서점에서 바꾸어 드립니다.

문학

376 좋은 문장 나쁜 문장

eBook

송준호(우석대 문예창작학과 교수)

어떻게 좋은 문장을 쓸 수 있을 것인가? 우선 좋은 문장이 무엇이고 그렇지 못한 문장은 무엇인지 알아야 할 것이다. 대학에서 글쓰기 강의를 오랫동안 해 온 저자가 수업을 통해 얻은 풍부한 사례를 바탕으로 문장교육을 제대로 받지 못한 독자들에게 좋은 문장으로 가는 길을 제시하고 있다.

051 알베르 카뮈

eBook

유기환(한국외대 불어과 교수)

알제리에서 태어난 프랑스인, 파리의 이방인 알베르 카뮈에 대한 충실한 입문서. 프랑스 지성계에 혜성처럼 등장한 카뮈의 목소리는 늘 찬사와 소외를 동시에 불러왔다. 그 찬사와 소외의 이유, 그리고 카뮈의 문학, 사상, 인생의 이해와, 아울러 실존주의, 마르크스주의 등 20세기를 장식한 거대담론의 이해를 돕는 책.

052 프란츠 카프카

eBook

편영수(전주대 독문과 교수)

난해한 글쓰기와 상상력으로 문학사에 커다란 발자취를 남긴 카프카에 관한 평전. 잠언에서 중편 소설 「변신」 그리고 장편 소설 『실종자』와 『소송』 그리고 『성』에 이르기까지 카프카의 거의 모든 작품에 대한 해석을 담고 있다. 또한 이 책은 카프카의 잠언과 노자의 핵심어인 도(道)의 연관성을 추적하는 등 새로운 관점도 보여 준다.

271 김수영, 혹은 시적 양심

eBook

이은정(한신대 교양학부 교수)

힘과 새로움으로 가득 차 있는 김수영의 시 세계. 그 힘과 새로움의 근원을 알아보고 지금까지와는 다른 새로운 독법으로 그의 시 세계를 살펴본다. 그와 그의 시에 대해 깊은 애정을 가진 저자는 김수영의 이해를 위한 충실한 안내자 역할을 자처한다. 김수영의 시 세계를 향해 한 발 더 들어가 보고자 하는 독자들에게 유익한 책이다.

문학

369 도스토예프스키

eBook

박영은(한양대학교 HK 연구교수)

『카라마조프가의 형제들』과 『죄와 벌』로 유명한 러시아의 대문호 도스토예프스키. 그의 작품에 등장하는 생생한 인물들은 모두 그의 힘들었던 삶의 경험과 맞닿아 있다. 한 편의 소설 같은 삶을 살았으며, 삶이 곧 소설이었던 작가 도스토예프스키의 생의 한가운데 서서 그 질곡과 영광의 순간이 작품에 어떻게 드러나는지를 살펴본다.

245 사르트르 참여문학론

eBook

변광배(한국외대 불어과 강사)

사르트르의 『문학이란 무엇인가』에서 전개된 참여문학론을 소개하면서 억압받는 자들을 위한다는 기치를 높이 들었던 참여문학론의 의미를 성찰한다. 참여문학론의 핵심을 이루는 타자를 위한 문학은 자기 구원의 메커니즘에 문제가 생겼을 때 이 문제를 해결하고, 그 메커니즘을 보충하는 이차적이고도 보조적인 문학론이라고 말한다.

338 번역이란 무엇인가

eBook

이향(통역사)

번역에 대한 관심이 날로 늘어 가고 있다. 추상적이거나 어렵게 느껴지는 번역 이론서들, 그리고 쉽게 읽히지만 번역의 전체 그림을 바라보기에는 부족하게 느껴지는 후일담들 사이에 다리를 놓는 이 책은 번역의 이론과 실제를 동시에 접하여 번역의 큰 그림을 그리고자 하는 독자들에게 안성맞춤이다.

446 갈매나무의 시인, 백석

eBook

이숭원(서울여대 국문과 교수)

남북분단 이후 북에 남았지만, 그를 기리는 많은 이들의 노력으로 백석은 현재 우리나라에서 가장 주목받는 시인 중 한 사람이다. 이 책은 시인을 이해하는 많은 방법 중 '작품'을 통해 다가가기를 선택한 결과물이다. 음식 냄새 가득한 큰집의 정경에서부터 '흰 바람벽'이 오가던 낯선 땅 어느 골방에 이르기까지, 굳이 시인의 이력을 들춰보지 않더라도 그의 발자취가 충분히 또렷하다.

함께 읽으면 좋은 책

문학

053 버지니아 울프 살아남은 여성 예술가의 초상 `eBook`

김희정(서울시립대 강의전담교수)

자신만의 독창적인 글쓰기 방식을 남기고 여성작가로 살아남는다는 것이 어떤 의미를 갖는지를 보여 준 버지니아 울프와 그녀의 작품세계에 관한 평전. 작가의 생애와 작품이 어우러지는 지점들을 추적하는 방식으로, 모더니즘 기법으로 치장된 울프의 언어 저변에 숨겨진 '여자이기에' 쉽게 동감할 수 있는 메시지들을 해명한다.

018 추리소설의 세계

정규웅(전 중앙일보 문화부장)

추리소설의 역사는 오이디푸스 이야기까지 거슬러 올라간다. 저자는 고전적 정통 기법에서부터 탐정의 시대를 지나 현대에 이르기까지 추리소설의 역사와 계보를 많은 사례를 들어 재미있게 설명하고 있다. 추리소설의 'A에서 Z까지', 누구나 그 추리의 세계로 쉽게 빠져들게 하는 책이다.

199 디지털 게임 스토리텔링 `eBook`

한혜원(이화여대 디지털미디어학부 교수)

디지털 시대의 새로운 이야기 양식을 소개한 책. 디지털 패러다임의 중심부에 게임이 있다. 이 책은 디지털 게임의 메커니즘을 이야기 진화의 한 단계로서 설명한다. 게임의 역사에 있어서 중요한 패러다임의 변화, 게임이라는 새로운 지평에서 펼쳐지는 새로운 이야기 양식에 대한 분석 등이 흥미롭게 소개된다.

326 SF의 법칙

고장원(CJ미디어 콘텐츠개발국 국장)

과학의 시대다. 소설은 물론이거니와 영화, 애니메이션, 만화, 게임 등 온갖 형태의 콘텐츠가 SF 장르에 손대고 있다. 하지만 SF 콘텐츠가 각광을 받고 있는 것에 비해 이 장르에 대한 깊이 있는 이해를 도울 만한 마땅한 가이드북이 존재하지 않는다. 이 책은 이러한 아쉬움을 채워주기 위한 작은 출발점이 될 것이다.

문학

eBook 표시가 되어있는 도서는 전자책으로 구매가 가능합니다.

018 추리소설의 세계 | 정규웅
047 판타지 | 송태현 eBook
051 알베르 카뮈 | 유기환 eBook
052 프란츠 카프카 | 편영수 eBook
053 버지니아 울프 | 김희정 eBook
062 무협 | 문현선 eBook
118 고대 그리스의 시인들 | 김헌 eBook
146 프랑켄슈타인 | 장정희
147 뱀파이어 연대기 | 한혜원 eBook
168 J.D. 샐린저와 호밀밭의 파수꾼 | 김성곤 eBook
196 디지털 에듀테인먼트 스토리텔링 | 강심호 eBook
197 디지털 애니메이션 스토리텔링 | 배주영 eBook
198 디지털 게임의 미학 | 전경란
199 디지털 게임 스토리텔링 | 한혜원 eBook
200 한국형 디지털 스토리텔링 | 이인화 eBook
201 디지털 게임, 상상력의 새로운 영토 | 이정엽
232 일본의 사소설 | 안영희
243 보들레르 | 이건수 eBook
244 돈 후안 | 정동섭
245 사르트르의 참여문학론 | 변광배 eBook
246 문체론 | 이종오
247 올더스 헉슬리 | 김효원 eBook
256 현대시와 불교 | 오세영
271 김수영, 혹은 시적 양심 | 이은정
326 SF의 법칙 | 고장원
338 번역이란 무엇인가 | 이향
369 도스토예프스키 | 박영은
376 좋은 문장 나쁜 문장 | 송준호 eBook
444 셰익스피어 그리고 인간 | 김도윤
446 갈매나무의 시인, 백석 | 이숭원 eBook
471 논리적 글쓰기 | 여세주 eBook
472 디지털 시대의 글쓰기 | 이강룡 eBook

(주)살림출판사
www.sallimbooks.com
주소 경기도 파주시 문발동 522-1 | 전화 031-955-1350 | 팩스 031-955-1355